예비 사법통역사와 주한 러시아어권 외국인을 위한

러시아어 사법통역과 생활법률

예비 사법통역사와 주한 러시아어권 외국인을 위한

러시아어 사법통역과 생활법률

Судебный перевод на русский язык и полезные примеры юридических консультаций

들어가는 말

　책이 출판되기까지 수많은 노고를 해 주신 팟캐스트 '보드카 먹은 불곰'의 이의찬 PD, 뿌쉬낀하우스 출판사, 박희수 변호사, 강라나 선생님, 이찬웅 전문위원, 김현수 변호사, 백종하 변호사, 송승호 외무서기관, 방송인 벨랴코프 일리야, 정경훈 변호사, 오현정 감수위원께 감사드립니다.

　이 책은 국가적 차원의 사법 통번역사 제도가 전무한 안타까운 현실에 대한 인식에서부터 시작되어, 1년에 걸쳐 집필되었습니다. 한국에 거주하며 다양한 법률문제에 부딪히는 주한 러시아어권 출신 외국인과 고려인들이 전문적인 사법통번역사들을 통해 보다 정확하고 신속한 재판을 받을 수 있기를 희망합니다.

　이 책은 크게 두 부분으로 구성되어 있습니다.

　제1편은 사법통번역사를 꿈꾸는 이들을 위한 기본 법률상식 파트입니다. 러시아어 혹은 한국어를 모국어로 하는 화자 또는 이중 언어자라 하더라도 소송절차에서 사용되는 법률용어나 진행되는 절차에 대해 알지 못한다면 정확한 통역을 하기가 어렵습니다. 유사하지만 다른 의미의 법률용어를 잘못 통역하면 판사의 심증형성에 영향을 끼칠 수 있습니다. 따라서 러시아어 전공자 또는 한국어를 전공하는 러시아어

권 출신의 통번역사들이 민사·형사·행정 소송절차를 익히고, 재판정에서 사용될 수 있는 법률용어 및 법률문장들을 숙지할 수 있었으면 좋겠습니다.

제2편은 주한 러시아어권 출신 외국인들이 자주 마주하는 생활법률 상담사례를 소개하는 파트입니다. 예비 사법통번역사들에게는 자주 접하게 될 사례의 법리적 쟁점과 자주 사용되는 법률용어를 익힐 수 있는 기회가 될 것이고, 주한 러시아어권 외국인들에게는 유사한 법률문제에 부딪혔을 때, 참고가 될 수 있는 해결책이 될 것입니다.

본 책을 읽은 모든 예비 사법통번역사들과 주한 러시아어권 출신 외국인들이 한국 법률서비스를 잘 활용하여 법률 문제와 관련한 소통을 원활하게 해내기를 희망합니다.

저자 **고민석**

추천사

『러시아어 사법통역과 생활법률』의 발간을 진심으로 축하합니다.

저는 책의 저자인 고민석 변호사의 오랜 친구이자 동료로서, 저자가 국내 체류 러시아 이주민들에게 도움이 되겠다는 뜻을 품고 법학 공부에 매진하는 모습을 일찍부터 지켜봐 왔습니다. 그 진실된 노력이 이번『러시아어 사법통역과 생활법률』의 출간으로 하나의 결실을 맺는 것 같아서 매우 자랑스럽습니다.

제가 저자로부터 이 책의 감수를 부탁받았을 때, 흔쾌히 제안을 수락한 이유는 크게 두 가지입니다. 하나는 재한 러시아인들에 대한 저자의 진심을 알기 때문이었으며, 다른 하나는 이 책이 러시아와 관련한 최초의 사법통번역서로서 많은 이들에게 도움이 될 수 있는 공익적 가치를 내포한 책이라는 점입니다.

『러시아어 사법통역과 생활법률』에는 국내의 민·형사 기본법 및 절차에 관한 내용이 충실하게 담겨 있으며, 법률 전문가가 아닌 일반인의 관점에서도 국내법에 대한 기본적인 이해가 가능한 수준으로 서술되어 있습니다. 일상에서 마주할 수 있는 생활법률뿐만 아니라 소송과 관련된 다양한 문제를 폭넓게 다루고 있으므로 모든 독자들에게 큰 도움이 되리라 기대합니다.

　모쪼록 『러시아어 사법통역과 생활법률』이 보다 많은 사람들에게 널리 읽혀 다문화 사회로 발돋움하고 있는 우리 사회에 한 줄기 빛이 되었으면 좋겠습니다.

- 변호사, 박희수(법률 감수)

　Эта книга – настоящий помощник для всех, кто готовится к профессиональной деятельности в качестве судебного переводчика русского и корейского языков. В ней доступным языком объясняются основные процедуры в суде, содержатся примеры диалогов, происходящих при допросе, во время судебных разбирательств и юридических консультаций. Книга также может быть интересна и полезна выходцам из русскоговорящих стран при решении юридических проблем, с которыми они могут столкнуться, проживая на территории Республики Корея.

- 유라시아어학원 러시아어 강사, 강라나(러시아어 감수)

　누구나 아시다시피 취업이란 말은 요즘 시대의 화두입니다. 특히 러시아어 전공자들에게는 더 그렇습니다. 사법통역사는 러시아어 전공자들에게 있어 좋은 기회이자 새로운 길을 개척하는 데 도움이 될 것이라 생각하며, 나아가 한국과 러시아 그리고 중앙아시아 관계 발전에 힘이 될 것이라 생각합니다. 이 전문 서적을 통해 사법통역사 자격시험을 준비하시는 모든 분들께 응원을 보냅니다!

- 법무법인 수성 전문위원, 이찬웅(러시아어 감수)

주한 러시아어권 외국인과 러시아어 사법통역사들이 쉽게 사법절차를 익힐 수 있는 책이 나온 것은 대단히 축하할 일입니다.

변호사 업무를 시작하며 국내 거주 외국인들이 한국사법절차에 익숙하지 않아 겪는 많은 어려움을 직면하면서 그들이 한국 사법체계를 쉽게 이해하고 도움을 받을 수 있는 방안이 필요하다는 점을 느꼈으나, 영미권, 중국, 일본 등 극히 일부 언어를 사용하는 외국인을 제외한 대부분의 외국인들이 한국 사법체계 속에서 전혀 도움을 받지 못한 채 방치되고 있는 실정입니다.

제가 아끼는 후배 고민석 변호사의 희생적인 노력으로 주한러시아권 외국인과 러시아사법통역사들이 한국 사법체계에 쉽게 접근할 수 있는 길이 열린 점에 대해서 다시 한번 감사드리며 이 책으로 조금이나마 주한러시아권외국인들이 한국 사법체계에서 부당하게 불이익을 당하는 일이 줄어들었으면 하는 마음입니다.

— 법률사무소 저스트 변호사, 백종하

국민들의 사법처리 문제가 외교 사안으로까지 불거지는 일들이 종종 발생하고는 합니다. 사법통역사 제도를 통해 이러한 문제들이 해결되어 나갈 것으로 보며, 특히 사법통역사 시험을 준비하는 전문 서적이 출판된 것을 환영합니다. 또한 정무, 경제 외교를 넘어 영사, 공공외교의 중요성이 강화되는 이 시점에 책이 출판된 것은 더욱 시의적절하다고 봅니다. 책을 통해 혜택을 받게 될 러시아어권 국민들이 한국에서 어려움을 겪는 일들이 줄어들기를 바라며, 나아가 이 책이 한-러, 한-중앙아 관계 발전에 이바지하기를 기대합니다.

— 주러시아 대한민국대사관 2등서기관, 송승호

러시아어를 선택한 순간부터 전공자들은 취업을 고민하게 됩니다. 한러 양 정부 차원의 교류가 그동안 얼마나 침체되어 있었는지를 우리는 피부로 느끼고 있습니다. 지난 9년 동안 러시아 전공자들의 일자리는 늘어나기는커녕 현상 유지도 어려웠습니다. 이런 상황에서 사법통역사 자격시험은 새로운 시장을 개척하는 기회가 될 것입니다. 이 책을 손에 쥔 여러분의 건투를 빕니다!

– 팟캐스트 '보드카 먹은 불곰' 제작자, 이의찬

러시아어 사법통역사를 위한 최초의 책. 러시아어 사법통역사를 준비하는 이들이 쉽게 사법절차를 익힐 수 있는 책이다.

– 법무법인 신명 변호사, 김현수

러시아어를 쓰는 외국인들은 예전부터 우리나라에서 다양한 활동을 해 왔지만 최근 들어 그 수가 눈에 띄게 증가하고 있습니다. 이들은 내국인들과 유사한 법적 어려움을 겪고 있음에도 불구하고 그동안 국내에 외국어와 법률지식을 겸비한 법률 종사자가 많지 않은 현실에서 법적 보호를 받지 못하고 있었습니다. 그러던 차에 최근 사법통번역제도가 정비됨과 더불어 이 책이 출간됨으로써 법의 사각지대에 놓인 러시아어권 외국인들에게 실질적인 법률적 도움을 줄 수 있을 것입니다.

– 변호사 정경훈

정말 유익한 책이라고 생각합니다. 한국 사회가 다양해지고 러시아어권 사람들이 늘고 있는 만큼 사법통번역 분야에서 도움을 줄 수 있는 책이 나왔다는 것은 매우 반갑고 환영할 일입니다. 국내 러시아 전문 통번역사들의 수준을 한 단계 끌어올려 줄 교재를 집필하신 작가님의 수고에 진심으로 감사드립니다!

— 방송인 벨랴코프 일리야

목 차

들어가는 말 · 4

제1편
사법통번역사를 꿈꾸는 이들을 위한
기본법률 상식 · 17

I. 사법통번역의 현재와 미래 · 19
제1장. 사법통번역의 현재 · 21
제2장. 러시아어 사법통번역의 미래 · 24

II. 사법통번역사의 주의 사항 · 27
제1장. 일반적인 주의 사항 · 29
제2장. 법정통역 시 주의 사항 · 31

III. 상황별 회화 · 33
제1장. 민사절차에서의 표현 · 35
   1. 민사사건과 형사사건의 구별 · 35
   2. 민사소송절차 개관 · 38
   3. 민사재판절차 · 40
   4. 민사소송 관련 법률용어 · 52

제2장. 형사절차에서의 표현 · 54
    1. 형사절차 개관 · 54
    2. 수사절차 · 56
    3. 형사공판절차 · 73
    4. 형사공판절차 관련 법률용어 · 88

제3장. 가사절차에서의 표현 · 91
    1. 가사절차 개관 · 91
    2. 협의이혼절차 · 91
    3. 재판상 이혼절차 · 96
    4. 가사재판절차 관련 법률용어 · 105

제4장. 난민소송에서의 표현 · 108
    1. 난민소송의 개관 · 108
    2. 난민재판절차 · 114
    3. 난민소송 관련 법률용어 · 125

제5장. 법률상담 시 유용한 표현 · 129

VI. 한국자격교육협회 주관 사법통역사 자격시험 기출문제 및 해설 · 133

사법통역사 자격시험 시행 안내 · 135
- 제1회 사법통역사 자격시험 문제 · 137
- 제2회 사법통역사 자격시험 문제 · 161

제2편
주한 러시아어권 외국인들이 자주 마주하는 생활법률 상담 사례들 · 185

I. 민사 상담 사례 · 187

  1. 임대차 관련 사례 ① · 189
    Сдача и взятие в аренду (пример 1)

2. 임대차 관련 사례 ② · 192
   Сдача и взятие в аренду (пример 2)
3. 임대차 관련 사례 ③ · 195
   Сдача и взятие в аренду (пример 3)
4. 중고 자동차 사기 판매 · 198
   Мошенничество при продаже подержанных автомобилей
5. 불법행위에 의한 손해배상청구(위자료 청구) · 201
   Компенсация за правонарушение (иск о возмещении)
6. 전세계약과 임대차계약의 차이 · 206
   Различные виды аренды
7. 불공정행위 관련 사례 · 210
   Пример несправедливого юридического действия
8. 매도인의 하자담보책임 · 213
   Гарантийная ответственность
9. 타인권리매매 · 217
   Продажа и покупка права другого лица
10. 원시적 불능 · 220
    Изначальная невозможность исполнения обязательств
11. 후발적 불능 · 223
    Последующая невозможность исполнения обязательств

II. 형사 상담 사례 · 227

1. 카카오톡 명예훼손 사건 · 229
   Распространение сведений, порочащих имя
   (честь и достоинство)
2. 모욕죄와 명예훼손죄의 구별 · 232
   Разница между оскорблением и распространением сведений,
   порочащих имя (честь и достоинство)
3. 쌍방폭행 · 235
   Взаимное нанесение побоев
4. 스토킹 · 238
   Сталкинг

5. 교통사고 후 보험처리 사례 · 242
Страховое возмещение после ДТП (дорожно-транспортного происшествия)

6. 성추행 사건 · 246
Сексуальное домогательство

7. 협박죄 · 251
Запугивание

8. 사기죄 ① · 253
Мошенничество (пример 1)

9. 사기죄 ② · 256
Мошенничество (пример 2)

10. 점유이탈물횡령죄와 절도죄의 구별 · 260
Разница между присвоением и кражей

11. 주거침입죄 · 264
Незаконное вторжение в жилище

III. 노사 상담 사례 · 267

1. 임금 체불 · 269
Задержка зарплаты иностранному работнику, невыдача зарплаты

2. 산업재해 · 272
Производственная травма

IV. 출입국·난민 상담 사례 · 279

1. 난민 소송 사례 ① · 281
Суд по делам беженцев (пример 1)

2. 난민 소송 사례 ② · 285
Суд по делам беженцев (пример 2)

3. 난민 소송 사례 ③ · 289
Суд по делам беженцев (пример 3)

4. 강제퇴거명령 사례 · 292
Приказ о принудительном выдворении из страны

V. 종합 상담 사례 · 297

1. 강아지 뺑소니 사건 · 299
   Сокрытие с места дорожно-транспортного происшествия
2. 음주운전 · 301
   Вождение в состоянии алкогольного опьянения
3. 이혼소송 ① — 결혼 이민자의 재판상 이혼 시 체류자격 · 305
   Исковое заявление о расторжении брака (пример 1) — право иностранного гражданина на пребывание в стране при разводе
4. 이혼소송 ② — 재산분할 · 312
   Исковое заявление о расторжении брака (пример 2) — раздел имущества
5. 휴대폰 훼손 사건 — 과실상계가 가능한지 여부 · 315
   Повреждение телефона — применение сравнительной небрежности
6. 명예훼손 및 초상권 침해 · 320
   Использование изображения человека без его согласия и порочение чести

제 3 편
부록 · 325

법률용어 및 소장 양식 · 327

1. 법률용어 · 329
2. 소장 양식 · 360

제1편

사법통번역사를 꿈꾸는 이들을 위한 기본법률 상식

I. 사법통번역의 현재와 미래

제1장. 사법통번역의 현재
제2장. 러시아어 사법통번역의 미래

# 제1장. 사법통번역의 현재

　현재 국내 체류 외국인 및 이주민(이하 '체류 외국인'으로 통칭함)은 약 200만 명을 넘고 있으며, 이들은 국내에 체류하는 순간부터 한국 법률문제에 맞닥뜨리게 된다. 이들은 체류 기간 동안 내국인과 동일한 민·형사, 가사, 행정 등 법률문제를 겪게 되며, 더욱이 체류 외국인들에게는 체류자격과 관련하여 출입국 관련 분쟁이 빈번히 발생한다. 예컨대 이혼소송에 제대로 대응하지 못하는 경우 결혼이민자 자격이 가사정리 자격으로 변경되고, 최대 6개월 동안 체류한 이후에는 출입국관리법에 따라 출국명령 내지 강제퇴거명령을 받게 되는 문제가 발생한다.
　위와 같은 법률문제에 부딪힌 체류 외국인들은 법률지식의 부족에 따른 어려움에 부딪힐 뿐만 아니라 언어적 장벽에 부딪혀 매우 불리한 처지에 놓이게 된다. 특히 재판과정에서의 정확한 통역은 원활한 재판 진행과 진술의 신뢰성 및 일관성 판단을 위하여 필수적이라 할 수 있는데, 현재 대한민국 법원에서는 사법통번역이 제대로 이루어지지 않고 있는 현실이다.
　의료통번역 제도와 비교해 보더라도, 2011년 보건복지부 소관 자격 종목으로 의료관광 분야 국제의료관광코디네이터를 신설하였으며, 2016년 제1회 의료 통역능력 검정시험을 제도화하여 의료통번역사들을 전문적으로 양성하고 있으나, 사법통번역에 있어서는 국가 혹은 사법당국에서 운영하는 사법 통번역사의 국가공인자격증이나 제도가 전무한 상태이다.

다만, 현재는 법무부 및 각급 법원에서 사법전문 통역인을 자체적으로 선발하여 일정한 교육프로그램을 수료 시킨 후 사법전문 통역인으로 위촉하고 있으며, '통역인 명부'를 작성하여 수요가 발생할 때마다 개인적 연락을 통해 인재들을 활용하고 있는 실정이다. 현재, 사법통번역사로 활동하는 대부분의 사람들은 결혼 이민자이거나 외국어 전공자로서, 다른 일을 하면서 수요가 발생할 때마다 간헐적으로 통역 서비스를 제공하고 있다. 현재는 비정기적 수요로 인해 안정된 직업이라고 말할 수 없지만, 사법통번역의 매력은 거부할 수 없는 통역료에 있다. 사법 통역은 기본적으로 첫 30분까지 7만원이 책정되고, 이후 30분 단위로 5만원이 추가 통역료로 산정되어 있다. 즉 사법통번역은 제도화되지 않은 비참한 현실 속에서도 대접받는 통역인 셈이다.[1]

앞으로는 사법통번역 분야에 있어서도 다양한 변화가 있을 것이다. 법무부나 대한변협 차원에서도 위와 같은 문제점에 대해 인식하고, 이를 입법 및 제도화하려고 노력하고 있다. 따라서 의료통번역 인증 제도를 모델 삼아 사법통번역 인증 제도도 도입될 것이라 전망된다. 국제화되는 법률시장과 다문화 사회로 빠르게 변모해 가는 한국 사회에서, 외국인들에게 정확하고 신속한 법정통역을 제공하여 공정한 재판을 받을 수 있도록 하기 위해 국가적 차원의 제도 및 정책은 필수적이기 때문이다. 결론적으로 객관적이고 공정한 통역이 전제되어야만, 체

---

1 류현주(2012), 한국 사법 통역 제도에 관한 재고, 『T&I review』 2호, 129-144쪽.

류 외국인들에 대한 진정한 의미의 재판 청구권이 인정될 수 있고, 안정된 직업으로서 자리잡아야만 양질의 예비 사법통번역사들이 이쪽 분야로 진출할 것이기 때문이다.

# 제2장. 러시아어 사법통번역의 미래

    2013년 재한 러시아어권(러시아 및 중앙아시아) 외국인 총수는 58,940명이었고, 2014년 재한 러시아어권 거주자는 64,439명, 2015년에는 78,675명으로 계속 증가하는 추세이다.[2] 과거와 비교해 보면, 2011년도에 45,822명이던 러시아어권 출신 거주자는 해마다 평균 8,000명이 증가하는 추세이며, 이 중 우즈베키스탄이 가장 급속도로 증가하고 있다. 러시아를 비롯하여 카자흐스탄, 키르기스스탄 등 중앙아시아 국가와 2014년부터 무비자 협정을 맺음에 따라 방한 외래객이 매년 증가하는 것으로 판단된다.

    앞에서도 간단하게 언급하였지만, 재한 러시아어권 출신들은 한국에서 거주하면서 다양한 법률문제를 마주하게 된다. 좀 더 구체적인 예를 들자면, ①한국에 입국하자마자 제일 먼저 마주하는 문제로서, 임대차 계약관계에서 비롯되는 주거문제가 있다. 계약기간을 못 지키고 조기 출국하게 되는 외국인들에게 집주인이 계약위반을 이유로 보증금을 반환하지 않는 경우 속수무책으로 당하고 떠나는 경우가 많다. ②러시아어권 출신 여성이 한국 남성과 결혼하는 경우, 이혼 시

---

2 『2013~2016 법무부 출입국 외국인정책본부 이민정보과 통계연보』

재산분할과 양육권문제 그리고 사망 시 상속문제가 발생할 수 있으며, ③러시아어권 출신 남성이 취업비자를 받고 입국하여 일을 하는 도중에 체류기간이 만료되어 불법 체류자가 되는 경우가 많으며, 이를 악용하는 고용주의 임금체불 문제가 발생할 수 있다. 또한 ④한국계 러시아인(고려인)의 경우 무국적자로서 밀입국한 경우가 많고, 이들은 국적 회복 절차를 밟고자 하며, ⑤서울 용산(이태원)이나 동대문, 경기도 안산, 천안 아산, 부산, 광주 월곡동 등 주한 러시아어권 출신 외국인들은 소규모 마을을 형성하고 있으며, 러시아어권 출신의 소상인(무역회사, 물류, 외식업 종사자)들의 경우, 사업자 등록 및 행정처분 취소소송에 대한 수요가 있다. 또 최근에는 ⑥의료관광에 대한 수요가 늘고 있고, 성형 및 수술을 위해 대한민국에 방문하는 주한 러시아어권 출신 외국인들이 증가하는 추세이며, 실제로 2014년 한국을 방문해 치료받은 러시아 환자는 총 31,829명으로, 외국인환자 유치 국가 중 3위를 차지하고 있다. 이와 관련하여 의료소송(손해배상청구)에 대한 수요가 예상되며, ⑦그 외에 비자연장 문제, 음주운전, 폭행, 절도 등 형사사건과 민사사건에 있어서도 법률 서비스에 대한 수요가 있을 것으로 예상된다.

하지만 주한 러시아어권 출신 외국인들은 법률 서비스를 받기 위해서 언어의 장벽, 정보력의 부족과 같이 넘어야 할 장애물들이 더 많은 것이 현실이며, 앞서 지적한 대로 난민소송이나 민·형사재판에 있어서 이들을 위한 사법통·번역문제는 더더욱 심각한 상태이다.

우선 러시아어와 한국어를 능통하게 구사하는 인력이 부족한 상태이고, 두 번째로는 러시아어와 한국어가 능통하더라도 소송절차 및 법률용어에 대한 이해가 부족한 탓에 정확한 통역을 못하고 있는 현실이다. 마지막으로, 법률 지식 및 용어 등 전문성이 요구된다는 점에서 진입장벽이 높아 감히 도전조차 안 하고 있다.

    따라서 러시아어 사법통번역 분야는 매우 전망이 좋다. 2017년 한국자격교육협회에서 사법통역사 민간 자격증 시험을 주관하여 제1회 사법통역사들을 배출하였으며, 2018년 3월 17일에는 제3회 자격 시험을 앞두고 있다. 러시아어 사법통역사를 꿈꾸는 이들이 본 교재를 통해 법률지식 및 용어에 대한 이해의 폭을 넓히고, 법정 대화문 및 단어들을 공부하여 미리 준비할 수 있는 기회가 되었으면 한다.

    미리 준비하는 자, 다가오는 미래를 대비할 수 있는 법이다.

II. 사법통번역사의 주의 사항[3]

제1장. 일반적인 주의 사항

제2장. 법정통역 시 주의 사항

---

[3] 『난민사건 법정통역인 안내문』, 서울행정법원

 제1장. **일반적인 주의 사항**

1. 양심에 따라 성실하게 통역하며, 공정한 통역을 해야 한다.

　통역인은 법정통역에 앞서 "양심에 따라 성실히 통역하고, 만일 거짓이 있으면 허위통역의 벌을 받기로 맹서한다"는 내용의 선서를 해야 한다. 재판장은 법정통역과 관련된 경력 및 경험을 확인하며, 통역 대상자와의 친분 유무를 확인하게 된다. 이는 재판의 공정성을 확보함과 동시에 재판의 신속성을 보장하기 위한 절차로써, 통역인은 성실하게 임하되, 거짓통역을 하거나 자신의 생각을 덧붙여 통역해서는 안 된다.

　만일 통역 대상자와 이미 알고 있는 사이라거나 특별한 관계에 있는 경우에는 재판부에 즉시 알려야 한다.

　또한 형사재판의 통역인은 그 사건의 수사단계에서 통역하지 않은 사람이어야 함이 원칙이므로, 수사단계에서 통역인으로 참여하였다면 이 사실 역시 재판부에 알려야 한다.

2. 직무상 비밀유지 의무를 준수해야 한다.

　통역인은 재판통역 중에 알게 된 사실에 대하여 직무상 비밀을 유지해야 할 의무를 진다.

3. 통역 이외에 법률적 판단이나 조언을 해서는 안 된다.

통역인은 통역대상자의 대리인이 아니며, 법률적인 절차나 판결의 승패여부 등을 판단하거나 조언해서는 안 된다. 실제로 필자는 이혼소송을 진행하던 당사자에게 잘못된 법률 조언을 해준 통역인 때문에 불미스러운 사건이 생긴 것을 목격했던 바가 있다. 통역인은 유사한 사건들을 통역하며 알게 된 법률적 지식이 있더라도, 사건별로 구체적 상황이 다를 수 있다는 점을 명심해야 하며, 법률 전문가가 아니므로 법률적 상담을 해서는 안 된다.

4. 통역인은 재판절차 및 법률용어를 숙지하는 것이 좋다

법정통역에 앞서 통역인은 재판의 절차나 법률용어에 대한 이해를 해두는 것이 좋다. 재판절차에서 사용되는 법률용어의 뜻을 정확히 알지 못하고 통역을 하게 되면 재판부가 자칫 잘못된 판단을 하여, 당사자에게 불이익을 야기할 수 있으므로 재판절차와 재판에서 사용되는 법률용어에 대해서는 기본적인 지식을 쌓아야 한다.

또한 처음 법정통역을 하는 경우라면, 재판 방청을 가서 법정통역 과정을 미리 보는 것을 추천한다.

 제2장. **법정통역 시 주의 사항**[4]

1. 통역인은 재판에 필요한 서면을 사전 입수하여 통역의 정확성과 신속성을 기해야 한다.

　법원은 통역인들에게 정확하고 수월한 통역을 위해 기일 전에 공소장이나 소장, 당사자 신문사항 등의 서류를 교부하고 있다. 통역인은 통역의 정확성과 신속성을 위해 교부받은 서류들을 미리 읽어보고 준비하는 것이 바람직하다. 만약 이해가 되지 않는 부분이 있다면 법원 사무관 등에게 연락하여야 한다.

2. 재판부 및 당사자의 질문 및 답변에 대해서만 그대로 충실하게 통역해야 한다.

　통역인은 재판부 및 당사자의 질문이나 답변을 있는 그대로 통역해야 한다. 일부를 생략하거나 요약해서 의역하는 것은 지양해야 한다. 사전 입수한 서면의 내용을 덧붙이거나 자신의 생각을 덧붙여서는 안 된다. 통역은 최대한 무미건조하게 진술 내용 그대로를 통역해야 한다. 정확한 통역을 하기 위해서는 메모지를 준비하여 진술 내용을 메모하

4　『법정 통역인 편람(러시아어)』, 서울법원행정처

며 통역하는 것이 좋다.

3. 질문이나 답변을 정확하게 이해하지 못한 경우

통역인이 생소한 법률적 용어나 이해하기 어려운 질문을 통역해야 하는 경우, 통역인은 재판장에게 지체 없이 알림으로써 질문의 취지를 충분히 이해해야 하며, 당사자의 목소리가 작거나 너무 빨라 알아듣기 어려운 경우, 당사자에게 그 진술 내용을 다시 발언해 달라고 요청해야 한다. 정확한 이해를 하지 못한 상태에서 법정통역이 이루어질 경우 재판의 공정성을 해할 위험이 있음을 자각해야 한다.

Ⅲ. 상황별 회화

제1장. 민사절차에서의 표현

제2장. 형사절차에서의 표현

제3장. 가사절차에서의 표현

제4장. 난민소송에서의 표현

제5장. 법률상담 시 유용한 표현

# 제1장. 민사절차에서의 표현[5) 6)]

1. 민사사건과 형사사건의 구별

한국대학교에 다니는 갑돌이는 주당으로 유명한 술꾼입니다. 그러다 보니 술자리에서 일어나는 에피소드가 아주 많습니다.

가을 하늘이 화창하던 어느 날 있었던 일입니다. 술에 거하게 취한 갑돌이가 화장실을 가던 길에 다른 사람의 발을 밟게 되었습니다. 갑돌이는 즉각 사과를 했지만, 상대방 역시 술이 취한 상태라 감정조절이 어려운 상태였습니다. 결국 시비가 붙었고, 상대방이 욕설을 하며 갑돌이에게 주먹을 날렸습니다.

갑돌이는 주먹을 맞고 코에서 피가 나고, 이가 흔들리는 느낌을 받았습니다. 열받은 갑돌이 역시 맞붙어 싸우고 싶었지만 어떤 아저씨가 술자리에서 싸움이 일어나면 일단 맞고 경찰에 신고하라는 말을 순간 떠올리게 되었습니다.

갑돌이는 경찰에 신고를 하였습니다.

---

5 『누워서 읽는 법학-민사법 I』, 변호사 김해마루
6 『법정 통역인 편람(러시아어)』, 서울법원행정처

위 사례에서 형사상, 민사상 법적 쟁점은 무엇일까? 형사상으로는 폭행죄 또는 상해죄, 모욕죄 등이 문제될 수 있고, 민사상으로는 치료비와 정신적 손해(위자료)에 대해 불법행위로 인한 손해배상청구가 문제될 수 있다.

즉, 하나의 사실관계에서 민사와 형사가 모두 문제될 수 있다. 경찰에 고소만 하면 손해배상도 받을 수 있다고 생각한다거나, 유죄를 받아야만 피해 보상금을 받을 수 있다고 생각해서는 안 된다. 민사절차와 형사절차는 별개의 절차임을 명심해야 한다.

정리하자면, 형사적으로는 피해자인 갑돌이가 경찰 또는 검찰에 고소를 하면, 독립된 국가기관인 검사가 법원에 가해자를 폭행죄와 상해죄로 처벌해 달라는 취지의 공소제기(공소장 제출)를 하게 되고, 민사적으로는 사인인 원고(피해자)가 가해자를 상대로 법원에 치료비와 위자료를 청구하는 소를 제기(소장 제출)하게 됨으로써, 형사재판과 민사재판이 개시된다.

이와 같이 민사사건은 갑돌이가 가해자에게 얼마를 받아야 하는가, 즉 개인과 개인 사이의 권리와 의무(법률관계)를 다투는 것이다. 기본적으로 원고 대 피고의 구조이며, 각 당사자는 법률전문가가 아니므로, 소송대리인으로 변호사를 선임할 수 있다.

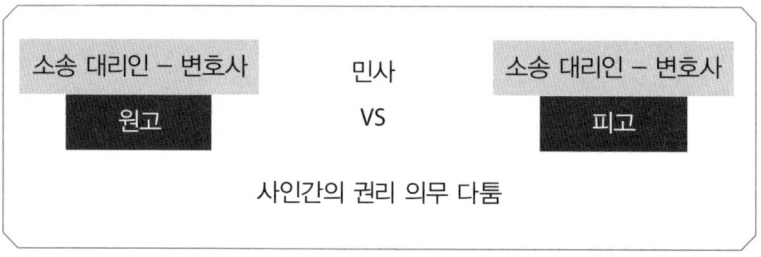

이에 반해 형사사건은 가해자에게 어떤 벌을 내릴 것인가, 즉 범죄자와 국가형벌권의 발동여부를 결정하는 과정이고, 피해자와 가해자의 구조가 아닌, 검사 대 피고인의 구조이며, 피고인은 법률전문가가 아니므로 대리인으로서 변호인을 선임할 수 있다. 피해자는 경찰이나 검사에게 국가형벌권을 발동시켜달라고 '고소'할 수 있을 뿐이다.

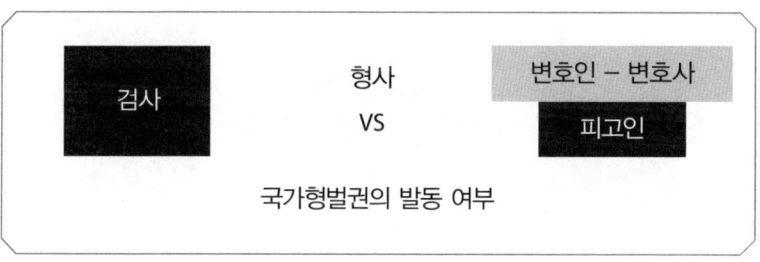

여기서 주의할 점은, 민사재판에서는 소를 당하는 사람이 '피고'이고, 형사재판에서는 공소를 당하는 가해자(범죄자)를 '피고인'이라고 부른다는 점이다. 또 민사재판에서는 '변호사(대리인)'라고 표현하는 것과 달리 형사재판에서는 '변호인'이라고 표현한다.

위 사례를 중심으로 앞으로 민사절차와 형사절차를 소개하도록 한다. 먼저 제1장에서는 갑돌이가 가해자를 상대로 치료비와 위자료 지급을 청구하는 민사소송의 절차를 살펴본다.

2. 민사소송절차 개관 [7]

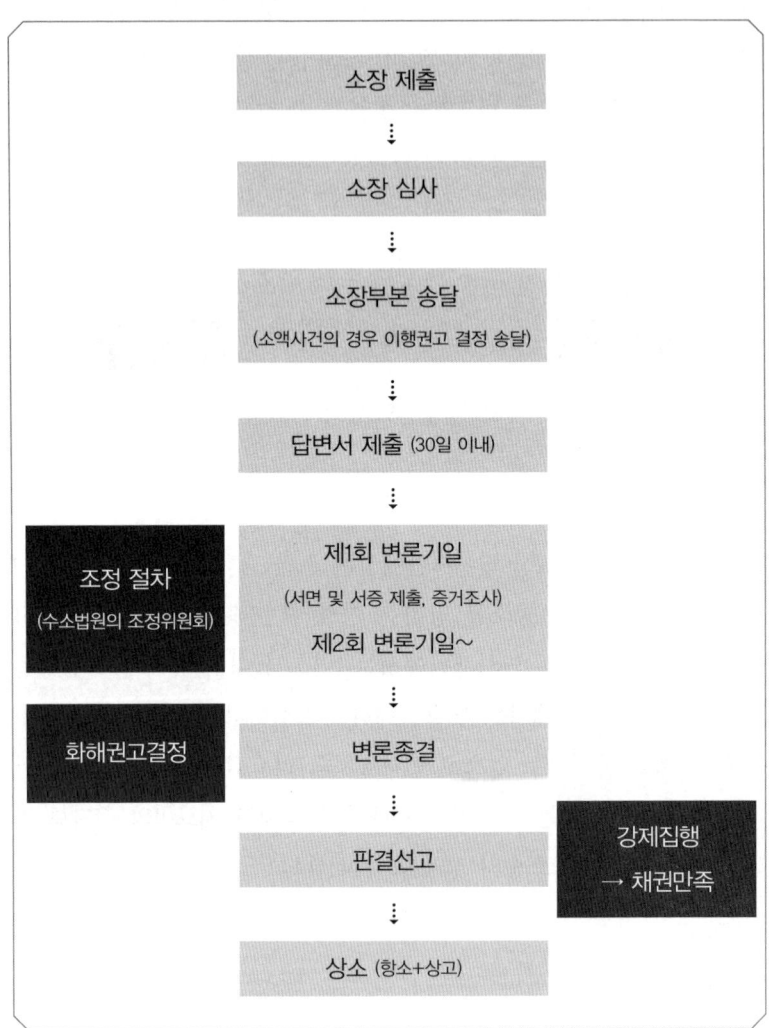

민사법은 민법과 민사소송법 및 상법을 통틀어 부르는 말이고, 민

---

7 인터넷을 통하여 대법원 홈페이지(www.scourt.go.kr)에 접속하면 사건의 진행 상황을 쉽게 확인할 수 있고, 재판절차와 서류의 양식에 관해서도 자세한 안내를 받을 수 있다.

사소송은 개인 사이의 법률분쟁을 해결하는 절차로써, 법원의 판결을 받아 해결할 수도 있고, 당사자간 합의를 이끌어내 화해, 조정함으로써 해결할 수도 있다. 민사소송절차는 원고청구인용(원고 승소, 피고 패소) 또는 원고청구기각(원고 패소, 피고 승소)의 판결이 선고됨으로써 종결된다. 그리고 이에 불복하는 상대방의 상소를 거쳐 판결이 확정된다. 이때 주의할 점은, 판결 선고 후 상소기간이 도과하면 '판결이 확정'된다는 것이다. 판결이 확정되면 이를 토대로 집행이 가능해진다.

즉, 승소 확정판결을 받았다고 하여, 상대방의 계좌에서 나의 계좌로 돈이 자동으로 이체되는 것이 아닌 것이다. 승소하였다는 것은 법원으로부터 "가해자는 피해자인 갑돌이에게 손해배상금 200만원을 지급하라"는 것을 인정받은 것뿐이다.

따라서 판결 내용대로 손해배상금을 받기 위해서는 '집행'이라는 것을 해야 한다. 가해자에게 판결의 내용대로 손해배상금을 지급해 달라고 의무이행을 요구하였을 때, 자발적으로 금전을 지급한다면 이는 '임의이행'에 해당한다. 그러나 가해자가 임의이행을 거부한다면, 집행기관에 강제집행을 신청하게 되는데, 드라마 속에서 많이 보았던 것처럼, 채무자의 물건에 빨간 딱지를 붙인 다음, 강제로 경매에 부치고, 낙찰되어 돈이 들어오면, 그 돈을 배당받아 만족을 얻게 된다. 이를 압류와 강제경매라고 한다. 즉, 강제집행의 근거는 승소로 확정된 판결문(판결의 주문)이고, 이를 집행권원이라 하며, 승소판결에 근거해 채권자의 신청으로 국가 권력을 이용해 채무자의 재산에 집행하는 절차를 강제집행절차라 한다.

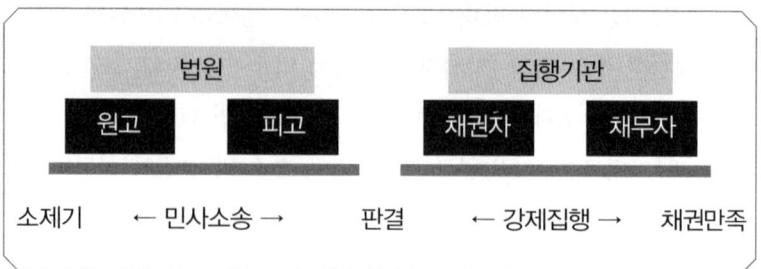

3. 민사재판절차

(1) 소장 제출

갑돌이가 가해자를 상대로 치료비와 위자료에 대한 손해배상금 200만원의 지급을 구하는 소장을 법원에 제출한다. 이때, 소를 제기하는 사람, 즉 갑돌이를 '원고'라 하고, 소를 당하는 사람을 '피고'라고 한다. 원고가 피고에게 실제로 권리가 있는지 없는지는 상관이 없다. 원고가 피고로 지정한 이상 그 사람이 피고로 되는 것이고, 실제로 원고에게 그러한 권리를 청구할 권리가 없다면 패소할 뿐이다.

소장을 비롯하여 법원에 제출하는 서류는 원본 외 상대방의 수만큼의 부본(쉽게 말해 복사본)을 함께 제출한다.

(2) 소장 심사

소장에는 ①당사자와 법정대리인, 소송대리인의 이름, 주소, 전화번호, 팩스번호, 전자우편주소 등을 기재하고, ②청구취지(주장하는 부분)와 ③청구원인(주장에 대한 근거부분)을 기재해야 한다.

위 기재사항이 누락되었거나 오탈자 등이 있는 경우, 법원은 소장을 심사하여 보정권고나 보정명령을 내리게 된다. 예컨대 재판장의 주소보정명령에 따라 원고는 피고의 주소를 보정해야 한다. 보정명령을 기한 내에 이행하지 않을 경우에는 법원은 소 각하 결정을 할 수도 있다.

(3) 소장부본 송달

소장을 심사한 결과, 보완이 필요없거나 완료되면 법원은 소장 부본을 피고에게 송달한다.

(4) 답변서 제출

가. 답변서 제출

갑돌이의 손해배상청구에 대해 가해자는 돈을 줄 수 없다는 취지의 답변서를 써서 법원에 제출해야 한다. 답변서는 소장 부본을 송달받은 날로부터 30일 이내에 제출해야 한다. 위 기한 내에 답변서를 제출하지 않으면, 법원은 피고가 원고의 청구를 모두 인정한 것으로 보고 무변론판결을 내릴 수도 있다(민사소송법 제257조). 다만 피고가 무변론판결의 선고기일 전까지 답변서를 제출하면 법원은 다시 변론을 재개해야 한다. 물론 법원은 피고가 답변서를 제출하지 않더라도 변론기일을 지정하여 재판절차를 진행시킬 수도 있다. 하지만 이 경우, 피고는 반드시 출석하여 원고청구 기각취지의 답변을 해야 한다.

답변서에는 원고의 소장에 기재되었던 '청구취지에 대한 답변'과,

'청구원인에 대한 답변'을 기재해야 한다.

나. 준비서면 제출

일방 당사자가 답변서 또는 준비서면을 제출하면, 상대방 당사자는 이에 대한 준비서면을 제출할 수 있다. 준비서면이란 변론하고자 하는 내용이 담긴 서류이다. 준비서면의 제출 여부는 당사자가 선택하는 문제이며 의무는 아니다. 예컨대 상대방이 제출한 답변서 및 준비서면에 대해 반박할 내용이 있거나, 새로운 증거가 있으면 제출하면 되고 상대방이 제출한 답변서 및 준비서면의 내용이 기존에 제출된 서면에서 주장한 내용을 반복하거나 크게 다르지 않은 동일 취지라면 반박 준비서면을 굳이 낼 필요는 없다.

다만 준비서면을 제출할 것이라면, 상대방과 재판부가 준비서면을 미리 읽어보고 재판에 임할 수 있도록 변론기일을 기준으로 7일 이전에 제출하는 것이 바람직하다.

다. 증거 제출

증거는 변론기일이 열리기 전에 다음 방식에 따라 미리 제출, 신청해야 한다.

1) 서증

소송에서 증거서류는 서증이라고 불리며, 원고가 제출하는 증거서류를 "갑제O호증(1, 2, 3..)"이라고 한다. 그리고 피고가 제출하는 증거서류를 "을 제O호증(1, 2, 3..)"이라고 한다. 증거서류를 제출할 때에는 사본 1통과 상대방의 수만큼의 사본을 더하여 소장이나 준비서면 등에 첨부하여 제출한다.

2) 증인신청

증인을 신청하는 경우에는, 증인의 이름, 주소, 연락처, 원피고와의 관계, 직업, 사건과의 관련성을 적은 증인신청서를 제출해야 한다. 재판부에서 증인신청을 채택하는 경우에는 신청한 측에서 주신문사항을, 반대측 상대방이 반대신문사항을 서면으로 작성하여 제출해야 한다.

3) 검증, 감정, 사실조회, 문서송부촉탁신청 등

사실조회 등의 신청서를 입증취지와 함께 제출해야 한다.

(5) 제1회 변론기일

가. 변론기일의 지정 및 변경신청

위와 같이 양 당사자간 소장, 답변서, 준비서면 등으로 서면공방을 마치면, 법원은 양당사자의 말을 들어보기 위해 변론기일을 지정한다. 양 당사자는 지정된 변론기일에 출석하여 변론해야 하며, 부득이 출석이 어려울 때에는, 그 사유를 적고 상대방의 동의를 얻어(필수적 요소는 아님) 법원에 기일변경신청서를 제출해야 한다.

나. 변론기일의 진행

변론기일에는 재판장이 사건명과 당사자의 이름을 호명함으로써 시작되며, 양쪽 당사자가 출석하면 재판장의 주도하에 재판이 진행된다. 소송대리인이 있는 경우에는 당사자 본인이 직접 출석하지 않아도 된다. 그러나 형사소송의 경우에는 변호인이 있더라도 피고인 본인이 같이 출석해야 한다.

1) 구두변론주의

변론이란 양당사자가 공개법정에서 각자의 주장을 말로 하는 것을 말한다. 그러나 우리나라 소송절차는 "구두변론주의"가 원칙이지만, 사건의 쟁점이 복잡하고, 사건의 수가 많아 실무상 "서면주의"로 재판을 진행하는 경우가 많다. 즉, 재판장이 양당사자가 제출한 서면을 미리 읽어 오기 때문에, 재판장은 그 내용의 확인을 위해 양측 당사자에게 주요내용이나 요지만을 질문하고, 당사자들은 이에 답한다. 따라서 당사자는 주장하고자 하는 내용의 쟁점 및 요지의 구두변론을 준비하는 것이 좋다.

민사재판에서는 쟁점이 복잡하기 때문에, 제1회 변론기일로 끝나지 않고, 통상 2~3차례의 변론기일을 거쳐 변론을 종결하게 된다.

다음은 제1회 변론기일에서 재판장이 주로 사용하는 대화문이다.

〈제1회 변론기일〉
Первый день судебного заседания

- 지금부터 2017년 3월 4일 서울중앙지방법원 제 00 민사부 재판을 시작하겠습니다.
  Судебное заседание состава №. _____ коллегии по гражданским делам Суда сеульского центрального округа от 4 марта 2017 года объявляю открытым.

- 2017가단000000호 사건 원고 000씨, 피고 000씨, 나오셨나요?
  Присутствуют ли истец А и ответчик Б по делу №. _____?

- 원고 소송 대리인은 누가 나오셨나요? 피고 소송 대리인은 누가 나오셨나요?
  Кто присутствует в качестве представителя (адвоката) истца?
  Кто присутствует в качестве представителя (адвоката) ответчика?

- 원고, 2월 9일에 제출한 소장 진술하고, 갑 제1호증부터 갑 제4호증까지 제출하시겠습니까?
  Истец, изложите состязательную бумагу от 9 февраля и представьте доказательства кап № 1 — кап № 4. (*«Кап» — условное обозначение истца.)

- 피고, 2월 20일에 제출한 답변서 진술하고, 을 제1호증부터 을 제4호증까지 제출하시겠습니까?
  Ответчик, изложите письменный ответ от 20 февраля и представьте доказательства ыль № 1 — ыль № 4. (*«Ыль» — условное обозначение ответчика.)

- 원고 대리인, 청구 내용을 간략하게 진술해 주세요.
  Представитель истца, кратко изложите содержание иска.

- 피고 대리인, 답변 요지를 간략히 말씀해 주세요.
  Представитель ответчика, кратко изложите содержание ответа по иску.

- 원고의 주장 내용은 ____ 이고, 이에 대한 피고의 답변은 ____ 입니다. 원고, 피고 ____ 한 사실에 대해서는 인정하시죠?
  Истец утверждает, что ____ . На что ответчик в свою защиту утверждает, что ____ . Истец и ответчик, признаёте ли вы фактом то, что ____ ?

- 그럼 원고와 피고 사이에 ____ 인 사실은 다툼 없는 사실로 정리하겠습니다.
  Итак, факт ____ не оспаривается сторонами истца и ответчика и считается установленным.

- 그렇다면 ____ 한 점만 쟁점으로 남으니, 판단해 보도록 하겠습니다.
  В таком случае предметом спора остаётся то, что ____ , и суд рассудит этот предмет.

- 원고 및 피고 측, 추가로 제출할 증거나 주장이 있습니까?
  Сторона истца и сторона ответчика, имеются ли у вас какие-либо дополнительные доказательства или утверждения?

- 원고 및 피고 측, 더 보충할 내용이 있습니까?
  Сторона истца и сторона ответчика, имеется ли у вас что-либо добавить?

- 그럼 증거조사를 하겠습니다.
  Теперь суд рассмотрит доказательства.

- 피고 대리인, 원고가 신청한 서증에 대해 의견 진술하겠습니까?
  Адвокат ответчика, будете ли вы излагать своё мнение о доказательствах, представленных истцом?

- 원고가 신청한 OO 기관에 대한 사실조회신청, OOO에 대한 증인신청은 채택하겠습니다.
  Суд принимает ходатайство истца о проверке фактов в учреждении А и ходатайство истца о допросе свидетеля Б.

- OOO증인 신청에 대한 피고 측 대리인 의견은 어떻습니까?
  Адвокат ответчика, будете ли вы излагать своё мнение о допросе свидетеля Б со стороны истца?

- 그럼 한 번 더 속행하여, 변론기일을 OO월 OO일 OO시 OO분에 진행하려 합니다. 양쪽 다 가능한가요? 네 그럼 그때 진행하도록 하겠습니다. 수고하셨습니다. 재판을 마치겠습니다.
  Тогда суд продолжится и следующее судебное заседание будет проведено _____ в _____ часов _____ минут. Обе стороны, можете ли вы присутствовать в этот день? Тогда суд решает провести заседание в назначенный день. Сегодняшнее судебное заседание объявляется закрытым.

2) 변론의 속행

변론의 속행이란, 재판부에서 결심하기에 심증형성이 미흡한 경우, 한 번 더 변론기일을 잡아 '계속 진행하겠다'는 의미이다.

변론기일이 1회로 끝나지 않고, 제2회 변론기일까지 속행되는 경우는,

①일방 당사자가 사실조회나 증거신청을 한 경우 혹은 ②제1회 변론기일에서 일방 당사자가, 상대방이 주장한 내용에 대해 추가 반박을 위한 기일속행을 요청한 경우이다.

제2회 변론기일에 증거신청에 따른 증거조사가 이루어질 경우에는, 다음과 같은 대화를 숙지해야 한다.

<제2회 변론기일>
Второй день судебного заседания

- 지난 기일에 정리한 쟁점은 ____이었습니다. 이에 대해 ____월____일 자 ____기관으로부터 사실조회 회신이 도착하였고, 그 취지는 ____ 입니다. 이에 대해 피고 대리인 의견은 어떠신가요?
  На прошлом заседании предметом спора было то, что ____ . Были получены результаты проверки фактов из учреждения А от 7-го апреля, и суть дела состоит в том, что ____ . Адвокат ответчика, изложите своё мнение об этом.

- 원고, 피고 측 추가로 제출하실 서면이나 증거가 있나요?
  Стороны истца и ответчика, имеется ли у вас что-нибудь добавить в доказательство?

- 증인신문 등 증거조사를 하겠습니다.
  А теперь суд рассмотрит доказательства и проведёт допрос свидетеля.

- 증인 OOO에 대한 증인신문절차는 녹음이 필요하다고 인정되므로, 민사소송법 제159조 제1항 전단에 따라 녹음을 명합니다. 당사자와 증인에게도 신문내용이 녹음됨을 알려드립니다.
  В ходе допроса свидетеля Б будет производиться звуковая запись согласно пункту 1 статьи 159 Гражданского процессуального кодекса. Суд объявляет обеим сторонам и свидетелю факт звуковой записи во время допроса свидетеля.

- ○○○씨 본인 맞나요? 생년월일이 어떻게 되시나요? 원고 또는 피고와 아는 사이인가요?
  Вы Б? Назовите вашу дату рождения. Знакомы ли вы с истцом или с ответчиком?

- 증인은 오른손을 들고 신문에 대하여 증인이 경험한 바를 사실 그대로 증언하시겠다는 선서를 해 주시기 바랍니다. 선서 후 거짓으로 증언할 경우에는 위증죄로 처벌받을 수 있습니다.
  Свидетель, поднимите правую руку и поклянитесь, что будете говорить только правду, отвечая на вопросы, исходя из своего опыта. После клятвы, если вы скажете неправду, вы будете наказаны за ложные показания.

- 우선 증인신문을 신청한 원고 대리인이 먼저 신문하고, 다음 피고 대리인이 신문하겠습니다. 그리고 마지막은 재판부에서 궁금한 점이 있는 경우 질문하도록 하겠습니다.
  Сначала адвокат со стороны истца, ходатайствовавший о допросе свидетеля, начинает вести допрос. Затем допрос проведёт адвокат со стороны ответчика. И в конце, если возникнут вопросы, допрос будет вести судья.

- 그리고 질문이 이해가 안 되면 다시 질문해 달라고 요청하시면 되고, 기억이 안 나면 안 난다고 말씀하시면 됩니다. 녹음 중이니 발언을 하실 때에는 마이크에 대고 말씀해 주세요.
  Свидетель, если вы не поймёте вопрос, то можете попросить повторить его. Если вы не помните, что было, или не знаете ответа, то скажите, что не помните или не знаете. Так как ведётся звуковая запись, говорите в микрофон.

- 준비되셨으면 원고측 대리인, 신문 시작해 주세요.
  Свидетель, готовы ли вы? Адвокат со стороны истца, вы можете начать допрос.

- 증언해 주셔서 감사합니다. 이제 돌아가셔도 됩니다.
  Спасибо за дачу показаний. Вы свободны, можете выйти из зала суда.

(6) 변론종결

변론기일에서 충분한 심리가 이루어져, 재판부에서 판결을 내릴 수 있겠다 싶은 경우, 재판장은 변론을 종결하고 결심을 하게 된다. 즉, 양당사자가 서로 주장할 것을 다 주장했고, 제출할 증거도 모두 제출하였다고 진술하면, 법원은 지금까지의 주장과 근거를 토대로 판단을 내리기 위해 변론을 끝낸다.

〈변론종결 후 판결선고기일 지정〉
Определение даты вынесения решения суда после заседания

- 오늘 변론을 종결하겠습니다. 마지막으로 원고, 피고 측 특별히 하고 싶은 말씀 있으신가요?
  На этом мы заканчиваем сегодняшнее заседание. Истец и ответчик, имеется ли у вас что-либо добавить?

- 변론을 종결하고, 재판부가 판단해 보도록 하겠습니다. 선고기일은 00월 00일 00시 00분에 하도록 하겠습니다. 선고기일에는 출석하지 않으셔도 되고, 판결문은 주소지로 송달해 드립니다.
  Сегодняшнее заседание объявляется закрытым. Судья рассмотрит и вынесет решение. Вам вышлют решение суда в письменной форме на адрес, по которому вы зарегистрированы, и вы можете не приходить в день вынесения решения суда.

---

(7) 변론의 재개

변론의 재개란 종결했던 변론을 법원이 다시 여는 것을 의미한다. 변론의 재개는 ①재판부에서 판결문을 쓰려고 보니 결심하기에 자료가 부족하거나 의문이 있는 경우 혹은 ②일방당사자가 새로운 주장 및 증거를 제출할 필요가 생긴 경우 신청을 하여, 법원이 재개를 결정한 경우 이루어진다.

(8) 조정절차

조정은 판사 또는 조정위원의 권유에 따라 양당사자가 원만히 합의하는 것을 말한다. 조정기일에도 당사자 또는 대리인이 출석해야 하며, 조정이 성립된 경우, 법원은 당사자 사이의 합의 사항을 적은 조정조서를 작성하여 양당사자에게 송달한다. 조정조서는 확정판결과 동일한 효력이 있으므로, 당사자는 더 이상 조정내용에 대해 불복할 수 없다. 조정이 성립되지 않은 경우에는 일반 재판절차로 회부될 수 있다.

(9) 화해권고결정

재판부는 소송이 진행되는 동안 사건의 공평한 해결을 위해 직권으로 화해권고결정을 할 수 있다. 양당사자는 화해권고결정을 송달받은 후 2주 이내에 이의신청을 해야 하고, 기한 내에 이의신청을 하지 않는 경우에는 화해권고결정이 확정되어 재판이 종결된다. 화해권고결정 역시, 화해조서가 작성되면 확정판결과 동일한 효력이 있으므로, 이에 불복할 수 없다.

(10) 판결선고

재판부는 사건에 대한 심리가 끝나면 선고기일을 지정하고, 그 기일에 판결을 선고하게 된다.

(11) 상소(항소, 상고)

우리나라는 공정한 재판을 확보하기 위하여 다른 법원에서 여러 번 재판 받을 수 있도록 3심제도를 채택하고 있다. 제1심 판결에 불복하여 제2심 판결(고등법원)을 구하는 것을 항소라고 하며, 제2심 판결에 불복하여 제3심 판결(대법원)을 구하는 것을 상고라고 한다. 그리고 항소와 상고를 합쳐서 상소라고 부른다. 개념의 차이가 있고, 비슷한 용어이므로 사용에 주의하도록 해야 한다.

가. 항소

제1심 판결문에 대해 불복이 있는 당사자는, 제1심 판결문을 송달받은 날로부터 2주 이내에 항소할 수 있고, 항소장은 판결을 선고한 제1심 법원에 제출해야 한다.

나. 상고

제2심 판결문에 대해 불복이 있는 당사자는, 제2심 판결문을 송달받은 날로부터 2주이내에 상고할 수 있고, 상고장은 판결을 선고한 항소심 법원에 제출해야 한다.

다. 제소기간을 도과한 상소의 경우

제1심 판결을 선고받고 위 항소기간을 도과하면, 항소법원에서 항소각하 판결을 선고하게 되고, 제2심 판결을 선고받고 위 상고기간을 도과하면, 상고법원에서 상고각하 판결을 선고하게 되고, 이 때 원심 판결이 확정된다.

다만, 공시송달로 진행되어 판결이 선고된 경우 등과 같이 판결이 확정된 후 비로소 판결이 있었음을 알게 된 경우에는 자신이 책임질 수 없는 사유로 상소기간을 지키지 못했음을 소명하여 항소할 수 있다. 이를 추후보완항소(추완항소)라고 한다.

4. 민사소송 관련 법률용어

Словарь	
러시아어	법률용어
Суд сеульского центрального округа	서울중앙지방법원
коллегия по гражданским делам	민사부
судебное заседание	재판
истец	원고
ответчик	피고
судебный иск; судебное дело	소송
представитель	대리인
состязательная бумага	소장
излагать	진술
письменный ответ	답변서
содержание иска	청구내용
краткое содержание	요지
утверждение; настояние	주장
спор	쟁점
решение	판단
доказательство; свидетельство; улика	증거
добавление; дополнение	보충

рассмотрение доказательств	증거조사
заявлять; ходатайствовать	신청하다
письменное (документальное) доказательство	서증
мнение	의견
проверка фактов	사실조회
принятие	채택
продолжение	속행
день судебного заседания	변론기일
учреждение (орган)	기관
результаты проверки фактов	사실조회회신
суть	취지
допрос свидетеля	증인신문
ход/процедура допроса свидетеля	증인신문절차
Гражданский процессуальный кодекс	민사소송법
свидетель	증인
допрос	신문
ложь	거짓
клятва	선서
лжесвидетельство	위증죄
наказание	처벌
высказывание; выступление	발언
заседание	변론
завершение; закрытие	종결
присутствие	출석
решение суда в письменной форме	판결문
адрес	주소지

# 제2장. 형사절차에서의 표현[8) 9) 10)]

1. 형사절차 개관

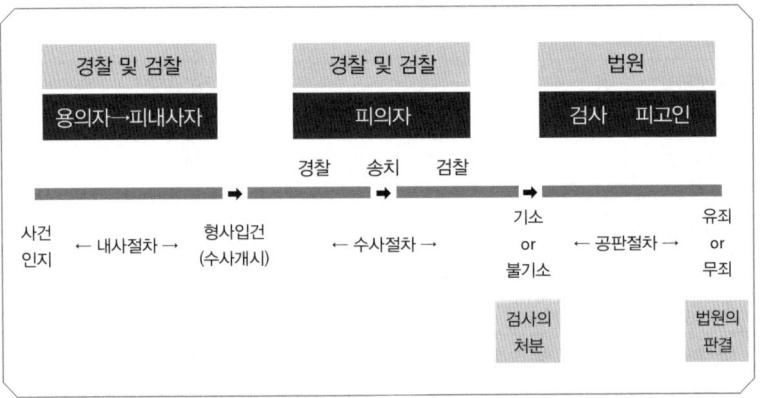

앞서 제1장 민사절차 파트에서 언급했듯이, 형사절차란 어떠한 행위가 범죄에 해당하고, 그러한 범죄를 저질렀을 때 어떠한 형벌을 부과할 것인지에 대해 확정하는 절차를 말한다. 그리고 형법과 형사소송

---

8 『누워서 읽는 법학 – 형사법』, 변호사 김해마루
9 『법정 통역인 편람(러시아어)』, 서울법원행정처
10 『통번역을 위한 외국어 경찰용어집 – 러시아어편』, 2013, 경찰청

법을 통틀어 형사법이라고 말하며, 형사절차는 크게 ①수사절차와 ② 공판절차로 이루어진다.

다만 수사절차 이전에 내사절차라는 것이 있는데, 내사란 형사사건으로 정식 입건을 하기 전에 범죄혐의를 미리 확인하기 위해 내부적으로 조사하는 것을 말한다. 즉, 발생한 범죄사실에 대해 수사기관에서는 다수의 용의자를 가려내고, 그중 범죄혐의가 어느 정도 인정되는 용의자를 특정하여 '피내사자'로서 조사하게 된다. 내사를 통해 범죄혐의가 확인되면, 수사기관은 형사사건으로 '정식 입건'을 하게 되는데, 이때 수사가 개시된다.

수사란 범죄가 발생한 경우, 범인을 찾거나 증거를 수집하는 절차를 말한다. 수사의 주체는 경찰과 검사가 있으며, 우리나라에서 경찰은 검사의 지휘감독을 받아 수사를 한다. 수사단계에서 범죄자는 '피의자' 신분으로 조사를 받으며, 경찰이 수사를 한 뒤 경찰수사의 결과를 검찰로 넘기게 되는데 이를 '송치'라고 부른다. 경찰의 수사기록을 전달받은 검찰에서도 수사를 하며, 검찰은 수사가 끝나면, 수사를 종결하면서 형사 공판절차에 회부하여 법원의 판결 내지는 판단을 받게 할지 여부, 즉 '기소' 여부를 결정하게 된다.

공판이란 법원에서 피고인(범죄자)에 대해 국가형벌권을 발동할 것인지에 대해 판단하여, 유죄 혹은 무죄를 판결하는 절차이다. 공판단계에서 범죄자는 '피고인' 신분으로 재판을 받게 되며, 범죄자는 수사단계에서의 '피의자' 신분에서 '피고인' 신분으로 변경된다는 점에 유의해야 한다. 또한 민사재판 단계에서의 '피고'와 공판 단계에서의 '피고인'도 다른 신분임을 주의해야 한다. 즉, 민사소송에서는 원고와 피고가 양당사자로 대립하는 구도이지만, 형사소송에서는 검사와 피고인이 양당사자로 대립하는 구도이다.

수사절차에서 공판절차로 넘어가기 위해서는 검사의 '기소' 처분이 있어야 하는데, 기소처분이란 유죄의 증거를 충분히 확보하여 법원에 공소장을 제출하며 수사를 종결하고, 공판을 개시하는 처분을 말한다. 즉, 민사소송에서는 사인인 원고가 법원에 소장을 제출하여 소를 제기하는 것처럼, 형사소송에서는 독립된 국가기관인 검사가 법원에 공소장을 제출하여 범인에 대해 처벌을 구하며, 이를 '기소' 혹은 '공소제기'라고 한다.

앞서 언급한 대로, 검사가 기소를 하게 되면 법원은 '공판'을 진행한다. 그리고 법원은 검사와 피고인의 주장 및 증거를 종합하여 '유죄' 혹은 '무죄판결'을 내림으로써 공판을 종결짓는다. 공판절차와 관련하여 특이한 점은 민사소송에서는 원고와 피고가 진술한 대로 사실을 인정해야 하는 반면(변론주의), 형사소송에서는 법원에 판단권이 남아있다는 점(직권주의가 가미)이다. 풀어 말하면, 민사소송의 경우에는 실제로 매매한 사실이 있더라도 원피고가 모두 매매한 사실이 없다고 진술하면, 매매사실이 없다고 법원은 판단해야 하지만, 형사소송의 경우에는 실제로 살인을 했는데, 검사와 피고인이 살인한 사실이 없다고 진술하더라도 법원이 유죄로 판결할 수 있다.

2. 수사절차

(1) 수사의 개념

수사는 범죄가 발생한 경우 범인을 찾거나 증거를 수집하는 활동을 말하며, 수사를 하는 주체로는 경찰과 검사가 있다.

(2) 수사의 개시

	주체	범인에 대한 처벌 의사	의미
신고	누구나	X	범죄사실에 대해 보고하는 것
고소	피해자, 피해자의 법정대리인, 피해자의 배우자, 친족, 그 외에 지정고소권자	O	피해자가 수사기관에 범죄자의 처벌을 요청하는 것
고발	고소권자를 제외한 제3자	O	피해자 아닌 제3자가 수사기관에 범죄자의 처벌을 요청하는 것
자수	범죄자	O	범죄자 스스로 범죄사실을 수사기관에 알리는 것

수사기관은 범죄의 혐의가 있으면 수사를 시작할 수 있는데, 수사가 개시되는 원인을 '수사의 단서'라고 한다. 예컨대, 현행범이나 변사체의 발견, 고소, 고발, 자수 등이 수사의 단서가 되며, 이런 것들로 수사가 개시된다. 다만 신고, 고소, 고발, 자수에 대한 개념을 정리할 필요가 있다.

(3) 수사기관의 조사

가. 임의수사

수사기관에서는 수사를 위하여 그 목적 달성을 위해 필요한 조사를 할 수 있는데, 체포, 구속, 압수와 같은 강제처분에 의한 수사를 강제수사, 그 외의 수사를 임의수사라 한다.

임의수사에는 피의자 신문과 참고인 조사 등이 있다.

(가) 피의자 신문

검사 또는 경찰이 피의자에게 검찰청 또는 경찰서로 출석을 요구해 진술을 듣는 것을 피의자 신문(訊 물을 신, '심문'이 아님을 주의해야 한다)이라 한다. 피의자는 출석하여 범죄를 행하였는지, 그 경위에 관하여 진술하게 되며, 그 진술내용을 기록한 것을 피의자 신문조서라 한다.

수사기관은 피의자를 신문하기에 앞서 '진술거부권'을 고지해야 하며, 정당한 사유가 없는 한 변호인이 신문에 참여할 수 있도록 해야 한다.

〈피의자 신문조사를 하는 경우〉
Пример допроса подозреваемого

(인적사항의 확인)
Установление личности

- 이름이 무엇입니까?
  Ваши фамилия и имя?

- 주민등록번호 혹은 외국인등록번호가 무엇입니까?
  Назовите ваш регистрационный номер иностранца или регистрационный номер постоянного жителя.

- 현재 직업은 무엇입니까? 직장은 어디에 있나요?
  Чем вы занимаетесь в настоящее время? (Какая у вас профессия в настоящее время?) Где находится место вашей работы?

- 현재 주거지는 어디입니까?
  По какому адресу вы проживаете в настоящее время?

- 연락처는 어떻게 됩니까?
  Каков ваш номер телефона?

(진술 거부권 및 변호인조력권 고지)
Объявление права хранить молчание (= права на отказ от дачи показаний) и права получить защиту адвоката

- 귀하는 일체의 진술을 거절할 수 있고, 개개의 질문에 대해 진술을 하지 않을 수 있습니다.
  Вы можете отказаться отвечать на все вопросы или на некоторые вопросы.
  (Вы имеете право не давать показания или не отвечать на отдельные вопросы.)

- 귀하가 진술을 거부하더라도 불이익을 받지 않습니다.
  Если вы откажетесь давать показания, это не будет действовать против вас.

- 귀하가 진술 거부권을 포기하고 진술한 경우, 그 진술은 법정에서 유죄의 증거로 사용될 수 있습니다.
  Если вы откажетесь от права хранить молчание (= права на отказ от дачи показаний) и будете давать показания, то ваши показания могут быть использованы в суде в качестве доказательств вашей вины.

- 귀하가 신문을 받을 때에는 변호인을 참여하게 하는 등 변호인의 조력을 받을 수 있습니다.
  Во время допроса вы можете получить помощь адвоката. Например, адвокат может принимать участие в допросе.

- 피의자는 위와 같은 권리들이 있음을 고지 받았습니다.
  Подозреваемый, вам объявили ваши права, перечисленные выше.

- 피의자는 진술 거부권을 행사하시겠습니까?
  Желаете ли вы воспользоваться правом на отказ от дачи показаний?

- 피의자는 변호인의 조력을 받으시겠습니까?
  Желаете ли вы воспользоваться правом на получение помощи адвоката?

(피의자 신문조사)
Допрос подозреваемого

- 국적이 어디인가요?
  Ваше гражданство?

- 한국어를 이해할 수 있나요?
  Вы понимаете по-корейски?

- 모국어가 무엇인가요? 모국어로 통역하는 것에 대해 이의 없으신가요?
  Каков ваш родной язык? Не против ли вы, если допрос будет проводиться на вашем родном языке?

- 가족관계가 어떻게 되나요?
  Ваше семейное положение? (Каков состав вашей семьи?)

- 최종학력은 어떻게 되나요?
  Каков уровень вашего образования?

- 종교는 무엇인가요?
  Какого вы вероисповедания?

- 특정 정당이나 단체에 가입한 사실이 있나요?
  Являетесь ли вы членом какой-либо партии или организации?

- 재산 및 월수입에 대해 말해 주세요.
  Каковы ваши имущественное положение и месячный доход?

- 평소 주량은 얼마나 되나요?
  Какова ваша норма употребления спиртных напитков?

- 현재 건강상태는 어떠한가요?
  Каково текущее состояние вашего здоровья?

- 언제 한국에 입국하였나요?
  Когда вы въехали в Корею?

- 비자는 언제 최초 발급을 받았나요?
  Когда вам выдавали визу для въезда в Корею в первый раз?

- 한국에 오기 전에 다른 나라에 방문한 적이 있나요?
  Посещали ли вы другие страны до въезда в Корею?

- 한국에 입국하게 된 경위는 무엇인가요?
  Какие обстоятельства привели вас в Корею? (= С какой целью вы приехали в Корею?)

- 현재 국내 체류자격은 무엇인가요?
  Каков ваш текущий визовый статус?

- 추가적으로 진술할 내용이 있는가요?
  Хотите ли вы что-либо добавить к сказанному?

- 현재까지 진술한 내용이 모두 사실이며 거짓이 없나요?
  Является ли достоверным всё, что вы сказали во время допроса? (Нет ли чего-либо ложного в ваших заявлениях?)

> – 이곳에 위 사항을 재차 확인하고, 사실임을 확인한다는 내용의 서명을 해주세요.
> Проверьте и подпишитесь, пожалуйста, вот здесь, чтобы подтвердить, что всё является правдой.

(나) 참고인 조사

참고인 조사란 검찰 또는 경찰이 피의자가 아닌 자, 즉 범죄에 관하여 알고 있다고 인정되는 자에게 출석을 요구하여 진술을 듣는 것을 말한다. 예컨대, 목격자와 피해자는 참고인으로서 조사를 받을 수 있다. 그리고 참고인이 진술한 내용을 기재한 서류를 참고인 진술조서라고 한다.

한편 참고인 스스로 자기가 알고 있는 사실을 기재하여 수사기관에 제출하는 서류를 '진술서'라 하는데, 수사기관이 참고인을 출석시켜 문답형식으로 작성한 '진술조서'와는 구별됨을 유의해야 한다. 즉, 진술서는 작성자가 참고인 자신이고, 진술조서는 작성자가 수사기관이다.

나. 강제수사

강제력을 사용하여 수사하는 것을 강제수사라 한다. 강제수사는 피의자의 인권침해의 소지가 매우 크기 때문에 법에 규정된 경우에만 할 수 있다. 강제수사를 하기 위해서는, 원칙적으로 법원이 발부한 사전 영장이 필요하며, 특별한 경우에만 사후영장을 인정한다. 원칙적으로 영장 없이 한 강제수사는 위법한 수사가 되어 법적효과가 없다. 강제수사에는 크게 체포, 구속, 압수수색 등이 있다.

(가) 체포

체포란 수사 초기에 피의자의 신병을 확보하기 위한 것으로, 피의자

신문을 하기 위한 것이다.

1) 체포의 종류

체포는 원칙적으로 사전영장주의를 원칙으로 하지만, 그 예외로서 현행범 체포와 긴급체포를 허용하고 있다. 즉, 체포의 종류에는 1) 사전영장에 의한 체포, 2) 현행범 체포, 3) 긴급체포가 있다.

가) 사전영장에 의한 체포

수사기관은 피의자가 출석요구에도 불구하고 정당한 이유 없이 출석하지 않을 경우, 검사가 관할지방법원의 판사에게 체포영장을 청구하고, 판사가 체포영장을 발부하면, 그 체포영장에 따라 피의자를 체포할 수 있다. 즉, 영장에 의한 체포란 사전에 발부된 체포영장에 의하여 수사기관이 행하는 체포를 말하며, 영장에 의한 체포가 적법하기 위해서는 ①범죄혐의의 상당성 ②체포사유(소환불응 또는 불응우려) 및 ③체포의 필요성(도망-증거인멸의 우려)이 요구된다. 체포영장에 의해 체포한 피의자를 구속하고자 할 때에는 체포한 때로부터 48시간 이내에 구속영장을 청구해야 한다.

나) 현행범 체포

범죄 실행 중이거나 실행의 직후인 자를 현행범이라 하며, 현행범은 누구든지 영장없이 체포할 수 있다. 이러한 현행범 체포의 요건으로는 ①범죄의 명백성 ②체포의 필요성 ③체포의 비례성이 요구된다. 검사는 피의자를 구속하고자 할 경우 48시간 내에 구속영장을 청구해야 하고, 체포 후 48시간 내에 구속영장을 청구하지 않거나 구속영장청구가 기각되면 즉시 석방해야 한다.

다) 긴급 체포

긴급체포란 체포영장을 발부받을 시간적 여유가 없을 때 이루어지는 체포이다. 즉, 긴급체포를 하기 위해서는, ①사형-무기 또는 장기 3년 이상의 형에 해당하는 범죄를 범하였다고 의심할 만한 상당한 이유(범죄의 중대성과 범죄혐의의 상당성), ②도망 또는 증거인멸이라는 체포의 필요성과 ③피의자를 우연히 발견한 경우와 같이 긴급성 요건이 모두 갖춰져야 한다. 긴급체포한 자를 구속하고자 할 때에는 48시간 이내에 구속영장을 청구해야 한다. 즉 48시간이 지나면 풀어주어야 한다.

2) 미란다 원칙의 고지

미란다 원칙이란 경찰이나 검찰이 피의자를 연행할 때 그 이유와 변호인의 도움을 받을 수 있는 권리, 진술을 거부할 수 있는 권리 등이 있음을 미리 알려 주어야 한다는 원칙을 말한다.

〈경찰 수사단계 – 체포 시 미란다 원칙의 고지〉
Стадия полицейского расследования
– Объявление правила Миранды при аресте

- 피의자는 묵비권을 행사할 수 있으며,
  Вы имеете право хранить молчание.

- 피의자의 모든 발언은 법정에서 불리하게 작용할 수 있고,
  Всё, что вы скажете, может быть использовано против вас в суде.

- 피의자는 변호인을 선임할 권리가 있습니다. 사선 변호사를 선임할 수 없는 경우, 국선 변호인을 선임할 수 있습니다.
  Ваш адвокат может присутствовать при допросе. Если вы не можете оплатить услуги адвоката, он будет назначен вам государством.

(나) 구속

구속이란 범인이 도망가거나 증거를 인멸하면 형사절차 진행이 곤란해지므로, 체포보다 장기간 피의자를 구금할 필요가 있을 때 하는 것을 말한다.

> **체포와 구속의 관계**
>
> ◎ 체포 후 구속되는 경우도 있고, 체포 없이 바로 구속되는 경우도 있으며, 체포 후 석방된 채 진행되는 경우도 있다.
>
> ◎ 체포는 수사단계에서만 이루어지는 반면, 구속은 수사단계뿐 아니라 공판단계에서도 모두 가능하다.

한편, 수사를 함에 있어, 무죄추정의 원칙에 따라 불구속 수사를 원칙으로 한다.

1) 구속의 요건 – 구속영장 청구

구속이 적법하기 위해서는 ①범죄혐의의 상당성 ②구속사유의 존재(주거부정, 증거인멸 염려, 도망 또는 도망 염려) ③비례성 원칙의 준수라는 요건을 갖춰야 한다. 즉, 검사는 위와 같은 구속 요건이 충족되면, 관할 지방법원 판사에게 청구하여 구속영장을 발부받아 구속할 수 있고, 사법경찰관은 검사에게 신청하여 검사의 청구로 판사의 구속영장을 발부받아 피의자를 구속할 수 있다.

2) 구속영장 실질심사

구속영장 실질심사제도란 영장실질심사 또는 구속 전 피의자심문이라고도 부르는데, 수사단계에서 구속영장 청구를 받은 판사가 피의자를 직접 불러 심문(審 살필 심, 신문이 아님을 주의한다)하고, 변명을 들어 구속사유를 판단하는 것을 말한다.

영장실질심사를 받는 피의자에게 변호인이 없다면 판사가 국선변호인을 선정해 주며, 외국인 피의자에 대하여 영장실질심사가 이루어질 경우에는, 해당 모국어로 번역되어 안내문이 교부되며, 통역사가 절차에 참여하게 된다.

영장실질심사는 다음과 같은 절차로 이루어진다.

〈영장실질심사 절차〉
Рассмотрение ходатайства об избрании мерой пресечения заключения под стражу по существу

〈진술거부권의 고지〉
**Объявление права хранить молчание
[= права на отказ от дачи показаний]**

— 피의자는 일체 진술을 하지 않거나, 개개의 질문에 대해 답변을 거부할 수 있고, 피의자에게 유리한 사실을 진술할 수 있습니다. 질문에 대답하지 않을 경우에도 불이익을 받지 않습니다.
Вы имеете право не давать показания или не отвечать на отдельные вопросы. Вы можете излагать факты, благоприятные для вас. Если вы откажетесь давать показания, это не будет действовать против вас.

〈인정신문〉
Установление личности

— 피의자의 이름은 무엇인가요?
Ваши фамилия и имя?

- 생년월일은 언제인가요?
  Дата вашего рождения?

- 국적이 어디인가요?
  Ваше гражданство?

- 한국어를 이해할 수 있나요?
  Вы понимаете по-корейски?

- 모국어가 무엇인가요? 모국어로 통역하는 것에 대해 이의 없으신가요?
  Каков ваш родной язык? Не против ли вы, если допрос будет проводиться на вашем родном языке?

- 현재 거주하고 있는 곳은 어디입니까?
  Где (по какому адресу) вы проживаете в настоящее время?

- 현재 직업은 무엇입니까? 직장은 어디에 있나요?
  Чем вы занимаетесь в настоящее время? (Какая у вас профессия в настоящее время?) Где находится место работы?

(구속사유의 고지)
Объявление оснований для заключения под стражу

- 피의자는 〈   〉한 범죄사실에 대한 혐의가 있는데, 증거를 인멸하거나 도망할 염려가 있다는 이유로 검사가 구속영장을 청구하였습니다.
  Вы подозреваетесь в совершении преступления ＿＿ . Прокурор ходатайствует о заключении вас под стражу, поскольку существуют опасения, что вы можете уничтожить доказательства или скрыться.

(피의자에 대한 심문)
Допрос подозреваемого

— 피의자는 어떤 경위로 체포되었나요?
Подозреваемый, при каких обстоятельствах вы были задержаны? (По какому делу вы задержаны?)

— 체포 당시 피의사실의 요지, 진술거부권, 변호인 선임권에 대해 고지받았습니까?
Объявили ли вам при задержании, под каким подозрением вы находитесь, о праве хранить молчание (= праве на отказ от дачи показаний), праве на адвоката?

— 피의자는 범죄사실을 인정합니까?
Признаёте ли вы факт совершения преступления?

— 피의자는 언제 무슨 목적으로 한국에 왔나요?
Когда и с какой целью вы приехали в Корею?

— 현재 어떤 체류자격을 가지고 있습니까?
Ваш текущий визовый статус?

— 합법적인 체류자격을 가지고 한국에 왔습니까?
Вы въехали в Корею на законных основаниях?

— 언제까지 한국에 머무를 예정입니까?
До какого времени вы намерены находиться в Корее?

— 한국에 살고 있는 친인척이 있습니까?
Есть ли у вас родственники, проживающие в Корее?

> **(검사 또는 변호인의 의견 진술)**
> **Изложение мнений прокурора или адвоката**
>
> — 검사의 의견은 어떻습니까?
>   Прокурор, изложите ваше мнение.
>
> — 변호인의 의견은 어떻습니까?
>   Адвокат, изложите ваше мнение.

> **(피의자의 의견 진술)**
> **Изложение мнения подозреваемого**
>
> — 피의자는 하고 싶은 말이 있나요?
>   Подозреваемый, есть ли у вас что-либо сказать?

3) 구속영장의 발부 또는 기각

영장실질심사를 통해 구속사유가 있다고 인정한 판사가 구속영장청구를 발부한 경우, 피의자는 구속영장에 따라 구금된다. 반면, 구속영장청구를 기각한 경우에는 체포된 피의자는 즉시 석방된다.

4) 구속적부심사청구권의 고지 및 심문의 종결

구속적부심사는 실질영장심사를 통해 구속영장을 발부한 판사의 결정에 대해, 다른 판사로 하여금 그 구속이 타당한지 아니면 부당한지, 그리고 구속을 계속할 필요성이 있는지를 심사하는 제도를 말한다. 실질영장심사를 한 판사는 구속적부심사청구권에 대하여 고지하여 주고 심문을 종결한다.

구속된 피의자 또는 그 변호인, 일정 가족관계에 있는 자가 관할 법원에 구속적부심사를 청구할 수 있고, 구속적부심 청구에 대해 보증금 납입 등을 조건으로 하여 피의자의 석방을 명할 수도 있는데 이를 '보증금납입부 피의자 석방'이라고도 한다.

(다) 압수-수색

압수란 범죄의 증거물이나 몰수할 물건의 점유를 강제적으로 취득하는 것을 말하고, 수색이란 증거물이나 몰수할 물건을 발견하기 위해 강제력을 행사하는 것을 말한다. 체포와 구속이 사람에 대한 강제처분(대인적 강제처분)인 반면, 압수와 수색은 물건에 대한 강제처분(대물적 강제처분)에 해당한다. 압수, 수색 역시 강제처분으로서 원칙적으로 사전영장이 필수적이다.

(4) 수사의 종결

임의수사와 강제수사를 통해 피의사실이 명백하게 입증되면, 수사기관(중 검찰)은 수사를 종결하고 기소 또는 불기소 처분을 한다. 다만 수사기관 중 경찰은 수사를 종결할 수 있는 권한이 없으므로, 경찰이 수사를 개시한 경우에는, ㄱ 수사기록을 검찰에 송부해야 하고, 검찰에서 수사의 종결 여부 및 기소 여부를 결정하게 된다.

검사는 범죄사실이 명백하게 된 경우 공소를 제기하고, 공소를 제기할 필요가 없는 경우 불기소 처분을 하게 된다.

한편 검찰처분, 특히 불기소처분에 대해 불복하고자 하는 고소인 또는 고발인은 관할 고등검찰청 검사장에게 항고할 수 있다.

(5) 수사절차 관련 법률용어

Словарь	
러시아어	법률용어
подозреваемый	피의자
расследование путём допроса	신문조사
персональные данные	인적사항
номер регистрации постоянного жителя	주민등록번호
регистрационный номер иностранца	외국인등록번호
профессия	직업
место (адрес) проживания	주거지
контактный номер телефона	연락처
право хранить молчание = право на отказ от дачи показаний	진술거부권 = 묵비권
право на защиту (получение помощи адвоката)	변호인조력권
показания (изложение)	진술
невыгода (что-то использовано против кого-то)	불이익
суд	법정
доказательства виновности	유죄증거
защитник (адвокат)	변호인
помощь	조력
право	권리
объявление (уведомление)	고지
родной язык	모국어
состав семьи	가족관계
уровень образования	최종학력
вероисповедание	종교
принадлежность к определённой политической партии или организации	특정 정당/단체 가입
имущественное положение (имущество)	재산

месячный доход	월수입
норма употребления спиртных напитков	주량
состояние здоровья	건강상태
виза	비자
обстоятельства	경위
визовый статус (право на пребывание)	체류자격
дополнительно	추가적으로
правда	사실
ложь	거짓
основания для заключения под стражу	구속사유
стадия расследования	수사단계
задержание	체포
правило Миранды	미란다원칙
высказывание	발언
рассмотрение ходатайства об избрании мерой пресечения заключения под стражу по существу	영장실질심사
установление личности	인정신문
факт подозрения	피의사실 요지
факт совершения преступления	범죄사실
легально	합법적
родственники	친인척
прокурор	검사

3. 형사공판절차

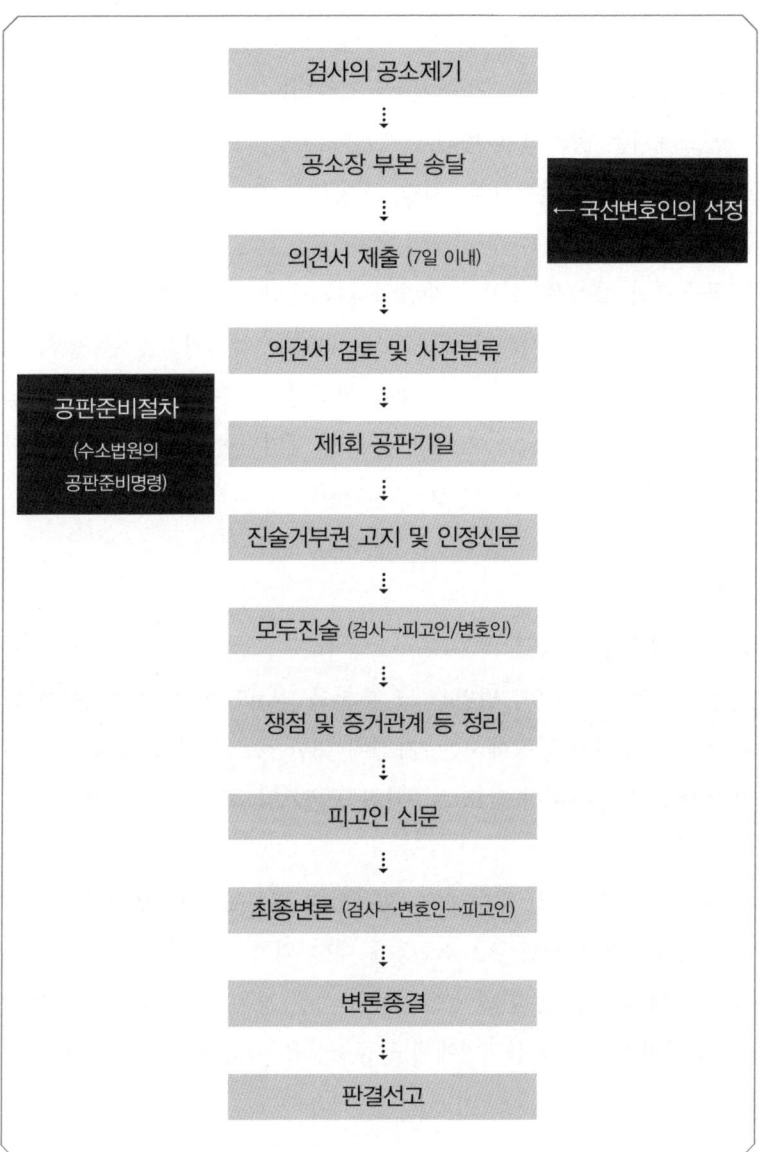

(1) 공소제기

검사는 범죄혐의가 인정되고, 유죄의 증거를 명백하게 밝힐 수 있다고 판단되면 공소를 제기한다. 기소라고도 하는데, 우리나라는 검사만이 기소를 할 수 있는 권한(기소독점주의)이 있다.

공소제기는 '공소장'을 법원에 제출하는 방식으로 이루어지며, 공소장에는 피고인의 인적사항, 죄명, 적용법조 및 공소사실을 기재해야 한다.

공소제기 방식은 통상의 재판절차를 구하는 정식기소('구공판')와 약식명령을 구하는 약식기소('구약식')가 있다. 약식기소를 한 경우, 피고인이 이의가 있는 경우, 정식재판 청구를 할 수 있고, 이로써 통상의 재판절차로 이전된다. 이렇게 공소가 제기되면 형사재판이 개시되며, 피의자는 '피고인'의 신분으로 전환된다.

(2) 공소장 부본의 송달

공소장이 접수되면, 법원은 그 부본을 피고인 또는 변호인에게 송달한다. 피고인의 입장에서는, 자신에 대한 공소사실에 대해 미리 알고 방어권을 행사해야 하므로, 제1회 공판기일 최소 5일전까지 송달해야 한다.

피고인이 외국인인 경우에는, 재판장의 결정에 따라 번역인을 선정하여 공소장을 번역한 후, 공소장에 대한 외국어 번역문을 국문 공소장과 함께 송부한다. 한편 통역인이 선정된 경우, 원활한 통역을 위해 제1회 공판기일 전에 통역인에게도 공소장을 미리 송달하게 된다.

(3) 국선변호인의 선정

  피고인에게 사선 변호인이 없는 경우에는 구속여부를 불문하고, 법원이 국선변호인을 선정할 수 있다. 피고인이 청구해서 선정할 수도 있고, 법원이 직권으로 선정할 수도 있다.

(4) 의견서의 제출

  피고인 또는 피고인의 변호인은 공소장 부본을 송달받은 날로부터 7일 이내에 의견서를 법원에 제출해야 한다. 의견서에는 공소사실에 대한 인정여부, 절차진행에 관한 의견 등을 기재할 수 있다. 다만 피고인은 진술거부권이 있으므로 의견서 제출이 강제되는 것은 아니다.

(5) 공판기일의 지정

  공판에 대한 준비가 완료되면, 재판장은 제1회 공판기일을 지정한다. 공판기일이 지정되면, 피고인에게 소환장이 발송되고, 검사 및 변호인에게 통지된다.

(6) 공판절차

 가. 공판정의 배치
  검사의 좌석과 변호인의 좌석은 법대의 좌우측에 서로 마주보고 위치하며, 증인의 좌석은 법대의 정면에 위치한다. 피고인은 변호인의 바로 옆에 앉으며, 당사자 주의에 따라 검사사와 피고인은 마주보고 앉게 된다.

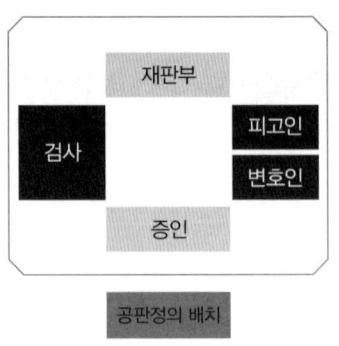

공판정의 배치

나. 공판절차와 통역인의 의무

공판절차는 기소된 피고인의 유무죄와 양형을 다투는 절차이다. 피고인이 국어로 소통할 수 없는 경우에는 통역인의 통역이 필요하다. 법원은 통역인이 필요한 사건에 대하여 미리 통역인을 지정하여 공판기일에 출석하도록 한다. 따라서 예비 사법통번역사들은 다음 공판절차를 익히고, 각 절차에서 사용되는 대화문을 숙지할 필요가 있다.

다. 모두절차

(가) 개정선언 및 사건명과 당사자의 호명

- 지금부터 2017년 3월 4일 서울중앙지방법원 제 00 형사부 재판을 시작하겠습니다.
  Заседание судебного состава №. ____ по уголовным делам Суда сеульского центрального округа от 4 марта 2017 года объявляется открытым.

> – 2017고단000000호 사건 피고인 _____ 씨?
> Вы А, обвиняемый по делу №. _____?

(나) 진술거부권의 고지

> – 피고인은 일체 진술을 하지 않거나, 개개의 질문에 대해 답변을 거부할 수 있고, 피고인에게 유리한 사실을 진술할 수 있습니다. 질문에 대답하지 않을 경우에도 불이익을 받지 않습니다. 귀하가 진술거부권을 포기하고 진술한 경우, 그 진술은 법정에서 유죄의 증거로 사용될 수 있습니다.
> В ходе данного судебного процесса вы можете отказаться отвечать на все вопросы или на некоторые вопросы. Вы имеете право излагать факты, благоприятные для вас. Если вы откажетесь отвечать, это не будет действовать против вас. Если вы откажетесь от права хранить молчание (= права на отказ от дачи показаний) и будете давать показания в этом суде, то ваши показания могут быть использованы в качестве доказательства вашей виновности.

(다) 인정신문

인정신문이란 재판장이 출석한 피고인에게 성명, 연령, 등록기준지, 주거와 직업 등을 물어서 피고인임에 틀림없음을 확인하는 절차이다.

> – 피의자의 이름은 무엇입니까?
> Ваши фамилия и имя?
>
> – 생년월일은 언제입니까?
> Дата вашего рождения?

> - 국적이 어디인가요?
>   Ваше гражданство?
>
> - 현재 거주하고 있는 곳은 어디입니까?
>   По какому адресу вы проживаете в настоящее время?
>
> - 현재 직업은 무엇입니까? 직장은 어디에 있나요?
>   Какая у вас профессия в настоящее время? (= Чем вы занимаетесь в настоящее время?) Где находится место вашей работы?
>
> - 한국어를 이해할 수 있나요?
>   Вы понимаете по-корейски?
>
> - 모국어가 무엇인가요? 모국어로 통역하는 것에 대해 이의 없으신가요?
>   Каков ваш родной язык? Не против ли вы, если допрос будет проводиться на вашем родном языке?

(라) 검사의 모두진술(Предъявление обвинения прокурором)

모두진술이란 검사가 공소장에 의하여 공소사실, 죄명 및 적용법조를 낭독하는 것을 말한다.

> - 검찰 측, 공소사실, 죄명 및 적용법조를 진술해 주시기 바랍니다.
>   Сторона обвинения, изложите фактические основания обвинения, укажите название преступления и по какой статье предъявляется обвинение.

(마) 피고인 측의 모두진술

피고인은 검사의 모두진술이 끝난 뒤에, 공소사실을 인정하는지 여부 및 자신에게 유리한 사실을 진술하는 모두진술을 하게 된다. 다만 피고인이 진술거부권을 행사하는 경우에는 진술하지 않을 수 있다. 검사의 공소사실에 대한 피고인 측의 진술유형은 ①범죄사실을 인정하는 자백, ②범죄사실을 부정하는 부인, ③정당방위와 같은 위법성조각사유에 대한 주장, ④심신상실과 같은 책임조각사유에 대한 주장 등이 있다.

> – 피고인, 공소장을 받으셨지요? 공소사실에 대한 의견을 말씀해주세요
> Обвиняемый, получили ли вы обвинительное заключение? Каково ваше мнение о фактах, изложенных в обвинении? (= Выразите своё отношение к предъявленному обвинению.)

(바) 재판장의 쟁점 정리

피고인의 모두진술이 끝나면 재판장은 쟁점을 정리하고, 증거조사에 앞서 검사 및 변호인으로 하여금 공소사실 등의 증명과 관련된 주장 및 입증계획 등을 진술하게 할 수 있다.

> – 그러면 이 사건의 핵심 쟁점은 ~로 정리되는데, 이에 대한 양측의 주장과 입증계획은 어떤가요?
> В таком случае главный вопрос этого дела заключается в ＿＿＿. Обе стороны изложите свои доводы и планы доказывания.

라. 증거조사절차

(가) 증거신청

재판부에서 쟁점정리가 끝나면, 검사는 증거목록과 함께 수사단계

에서 수집한 피의자신문조서, 참고인진술조서, 진술서 등 각종 서류를 증거로 신청한다. 채택된 증거들에 대해서 법원은 증거조사를 하게 되는데, 먼저 피고인 측에게 검찰이 신청한 증거에 대해 채택여부를 묻게 된다.

> - 증거조사를 시작하겠습니다. 먼저 검찰 측 증거 신청하시기 바랍니다
>   Начинаем рассмотрение доказательств. Сторона обвинения, первой подайте заявление о представлении доказательств.
>
> - 피고인은 검찰 측 증거에 대한 의견을 말씀해 주시기 바랍니다.
>   Сторона обвиняемого, изложите своё мнение о доказательствах, представленных прокурором.

(나) 피고인 측의 의견진술 및 증거채부 결정

피고인 측은 검사가 제출한 서류 또는 물건의 증거능력 유무에 관해 의견을 진술한다. 피고인은 동의할 수도 있고, "내가 서명했지만 진술한대로 기재되어 있지 않다", 또는 "내용이 사실이 아니다" 등의 취지로 부동의 할 수도 있다.

피고인 측이 동의한 증거는 재판부에서 증거로 채택하고, 부동의한 서류에 대해서는 검사 측은, 원진술자를 증인으로 소환하여 법정에서 직접 진술하게 하는 등 증인신문의 방법으로 증거능력이 있는지 여부를 다투어야 한다. 증인신문 등 별도의 절차를 통해 증거능력이 인정되지 않으면 증거로 사용할 수 없다.

- 검사가 제출한 OOO에 대한 진술조서를 증거로 동의하면, 유죄판단의 증거로 사용됩니다. 만일 동의하지 않으면, 검사가 그 진술조서의 원래 진술자를 증인으로 신청하고 법정에서 증인의 진술을 듣게 됩니다. 피고인은 검찰 측에서 제출한 참고인들의 진술조서를 증거로 하는 데 동의하나요? 아니면, 참고인들을 소환하여 증인신문하기를 원하나요?

  Если вы согласны признать представленные протоколы допроса свидетелей в качестве доказательства, они будут использованы при решении вопроса о виновности. Но если вы не согласны, прокурор подаст ходатайство о вызове свидетелей, давших показания на допросе, и вы можете прослушать показания свидетелей в суде. Согласны ли вы признать протоколы допроса свидетелей, представленные прокурором, или вы хотите, чтобы свидетелей вызвали в суд для дачи показаний?

- 피고인 측이 동의한 증거목록 1번, 2번의 증거는 채택하겠습니다. 피고인 측이 부동의한 증거목록 4번, 5번에 대해, 검찰 측 추가로 증거신청하시겠습니까?

  Суд принимает доказательства №____ и №____ из списка доказательств, которые обвиняемый согласился признать. Сторона обвинения, будете ли вы заявлять дополнительное ходатайство о представлении доказательств №____ и №____ , которые обвиняемый не согласился признать?

- 검찰에서 신청한 증인 OOO을 채택합니다.

  Суд принимает ходатайство прокурора о вызове свидетеля А.

- 피고인은 검찰에서 사실대로 진술하고, 피고인이 진술한 대로 조서에 기재되어 있음을 확인한 후 서명하였나요?

  Обвиняемый, является ли правдой всё, что вы изложили на допросе? Подписали ли вы протокол своих показаний, данных на допросе, после проверки их достоверности? (= Обвиняемый, ознакомились ли вы с протоколом допроса и подписали ли вы его, подтверждая достоверность ваших показаний?)

> - 피고인은 검찰에서 진술할 당시 고문이나 강압에 의해 거짓 진술한 것은 아닌가요?
> Обвиняемый, не являются ли ложными ваши показания, изложенные на допросе, вследствие того, что они были получены в результате пыток или принуждения со стороны прокурора?

(다) 증거조사

채택된 증거에 대한 증거조사는, 검사가 신청한 증거를 먼저 조사하고, 피고인 측이 신청한 증거를 조사한다. 증거서류의 경우에는 낭독에 의해, 증거물의 경우 제시를 통해 증거내용을 현출하는 방법으로 증거조사를 한다.

> - 채택한 증거서류와 증거물, 증인에 대한 증거조사를 하겠습니다.
> Начинаем рассмотрение доказательств, которые принял суд, и допрос свидетелей.
>
> - 검사는 증거서류의 요지를 설명해 주시기 바랍니다.
> Сторона обвинения, изложите основное содержание доказательств.
>
> - 검사는 증거물을 제시해 주시기 바랍니다.
> Сторона обвинения, представьте доказательства.

(라) 증인신문

피해자나 목격자 등 제3자를 증인으로 법정에 출석시켜, 경험한 사실에 대해 진술을 듣는 절차를 말한다. 증인신문은 신청한 당사자가 먼저 신문('주신문'이라 한다)하고, 다음에 상대방 당사자가 신문('반대신문'이라 한다)하며, 마지막으로 재판장이 신문하게 된다.

1) 증언거부권의 고지

> − 증인은 증언으로 인해 증인 본인 또는 증인과 친인척 관계에 있는 사람이 형사처벌을 받을 염려가 있는 경우나, 증인이 업무상 알게 된 타인의 비밀에 관해서는 증언을 거부할 수 있습니다. 또 증인 선서 후 개별적 신문사항에 대해서도 같은 이유로 증언을 거부할 수 있습니다.
> В случае, если дача показаний ставит свидетеля и его родственников под угрозу уголовного наказания, или если свидетелю известна профессиональная тайна другого человека, свидетель может отказаться от дачи показаний.

2) 위증의 벌의 경고

출석한 증인은 신문 전에 "양심에 따라 숨김과 보탬이 없이 사실 그대로 말하고, 만일 거짓말이 있으면 위증의 벌을 받기로 맹서합니다"라고 기재된 선서문을 낭독하게 된다. 선서 후 증인신문과정에서 거짓 진술을 하게 되면 위증죄로 처벌받게 된다.

> − 증인은 증인이 경험한 바를 사실대로 말하겠다는 취지의 선서를 해주시기 바랍니다. 증인이 선서한 후 경험하지 않은 사실을 경험한 것처럼 증언하거나, 기억이 불분명함에도 명확한 것처럼 진술하는 등 거짓으로 증언할 경우에는 위증죄로 처벌받을 수 있습니다.
> Свидетель, поклянитесь говорить правду о событиях, очевидцем которых вы были. Если вы изложите сведения, которые вы лично не наблюдали, так, как будто вы их наблюдали, или изложите сведения, которые неточно помните, так, как будто вы их ясно помните, то есть, если вы дадите ложные показания, вы будете наказаны за лжесвидетельство.

3) 증인신문의 개시

- 검사 측, 신문해 주시기 바랍니다.
  Сторона прокурора, проводите допрос.

- 피고인 측, 반대신문해 주시기 바랍니다.
  Сторона обвиняемого, проводите встречный допрос.

증인신청인이 먼저 질문하고, 상대방이 질문을 하는 교호방식에 의해 이루어진다.

(마) 증거조사의 종료

증거조사가 끝나면 재판장은 피고인에게 각 증거조사 결과에 대한 의견을 묻고, 추가적인 증거조사를 신청할 수 있음을 알려준다.

- 증거조사 결과에 대해 의견이나 이의가 있습니까?
  Имеются ли у вас мнения или возражения по поводу результатов рассмотрения доказательств?

- 피고인 측, 그 밖에 피고인에게 유리한 서류니 물건을 증서로 신청할 수 있습니다. 추가할 증거가 있습니까?
  Сторона обвиняемого, вы можете ходатайствовать о приобщении к делу вещественных доказательств, документов, которые выгодны для защиты обвиняемого. Имеется ли у вас что-либо добавить в качестве доказательства?

마. 피고인 신문

증거조사가 끝나면, 피고인을 증인석에 앉히고, 검사, 변호인이 순차로 신문한다. 피고인 신문은 공소사실에 대한 피고인의 답변을 구체적으로 정리하기 위함이므로, 사법통역인으로서는 피고인의 답변 내용이 재판부에 잘 전달될 수 있도록 주의해야 한다. 실무상 피고인 신문은 생략하는 경우가 있다.

- 전에 고지한 바와 같이, 피고인은 일체 진술을 하지 않거나, 개개의 질문에 대해 답변을 거부할 수 있고, 피고인에게 유리한 사실을 진술할 수 있습니다. 질문에 대답하지 않을 경우에도 불이익을 받지 않습니다. 귀하가 진술거부권을 포기하고 진술한 경우, 그 진술은 법정에서 유죄의 증거로 사용될 수 있습니다.
  Как было упомянуто ранее, в ходе данного судебного процесса вы можете отказаться отвечать на все вопросы или на некоторые вопросы. Вы имеете право утверждать факты, благоприятные для вас. Если вы откажетесь отвечать, это не будет действовать против вас. Если вы откажетесь от права хранить молчание (= права на отказ от дачи показаний) и будете давать показания, то ваши показания могут быть использованы в суде в качестве доказательства вашей виновности.

- 검사 측, 피고인에 대해 신문하시기 바랍니다.
  Сторона обвинения, проводите допрос обвиняемого.

- 변호인 측, 피고인에 대해 신문하시기 바랍니다.
  Сторона обвиняемого, проводите допрос обвиняемого.

바. 최후변론

(가) 검사의 최후진술

피고인 신문이 끝나면 최종 변론을 하게 되는데, 검사는 "피고인을 징역 3년에 처하여 주십시오"라는 취지의 구형을 하게 된다. 외국인인 피고인의 경우, 검사의 구형을 판결로 잘못 이해하는 경우가 있으므로, 통역인은 검사의 구형이 최종 판결이 아니라, 검사로서의 의견을 개진한 것이라는 사실을 적절히 설명해야 할 필요가 있다.

> – 검찰 측, 최종 의견을 진술해 주시기 바랍니다.
> Сторона обвинения, вам предоставляется слово для заключительной речи.
>
> – 피고인을 징역 O년(또는 벌금 O원)에 처하여 주시기 바랍니다.
> Прошу приговорить обвиняемого к ＿＿ годам тюремного заключения (или штрафу в размере ＿＿ вон).

(나) 피고인 측의 최후진술

검사의 최후진술이 끝나면, 변호인과 피고인이 마지막으로 진술하게 된다.

> – 변호인은 최종 변론해 주시기 바랍니다.
> Сторона защиты, вам предоставляется слово для заключительной речи.
>
> – 피고인은 재판부에 마지막으로 하고 싶은 말이 있으면 하시기 바랍니다.
> Обвиняемый, если вы хотите выступить с последним словом, вы можете сделать это сейчас.

사. 변론의 속행

증인신문 등이 추가로 필요한 경우, 공판기일을 한번 더 지정하여, 변론을 계속 진행한다. 다음 차수의 공판기일은 제2회 공판기일이 된다.

아. 변론종결

최후변론도 마치면 재판부는 변론을 종결하고 결심하게 된다.

- 이상으로 이 사건 변론을 마치겠습니다.
  На этом судебное заседание объявляется закрытым.

자. 판결선고

원칙적으로 판결선고는 변론종결일에 하는 것(즉일선고)이 원칙이다. 즉일선고 원칙이라도 변론종결 후 판결선고 전까지의 주장과 증거를 참작하여 판단한다. 그러나 실무상 판결선고기일을 따로 잡아 선고한다.

- 판결선고기일은 0월 0일 0시입니다.
  Дата вынесения решения суда ____ .

(7) 상소 절차

제1심 판결에 불복하는 검사나 피고인은 판결선고일로부터 7일 이내에 항소를 제기할 수 있다. 제2심 판결에 불복하는 경우에도 판결선고일로부터 7일 이내에 상고를 제기해야 한다. 상소가 제기되면 판결이 확정되지 않으므로 피고인이 구금된 상태라 하더라도 이것은 선고된 형을 집행하는 것이 아니고 미결구금 상태가 유지되는 것이다. 미결구금일수는 그 전부가 형 집행일에 산입된다. 한편 판결이 확정되지 않았으므로, 상소심에서도 피고인은 무죄추정의 원칙이 적용된다.

우선 항소심의 경우, 항소장이 제출되면 제1심 법원은 소송기록을 항소법원으로 보내고, 항소법원은 소송기록을 접수하였다는 통지서를 피고인에게 송달한다. 피고인은 이 통지를 받은 날로부터 20일 이내에 항소이유서를 항소심 법원에 제출해야 한다. 만일 위 기간 내에 항소이유서를 제출하지 않으면, 항소법원은 항소를 기각하게 되므로 항소이유서 제출기간을 지켜야 한다. 검사가 항소한 경우에는 피고인에게 검사가 제출한 항소이유서 사본을 보내주는데, 피고인은 항소이유서를 받은 날로부터 10일 이내에 답변서를 제출해야 한다.

항소심 재판은 항소이유서와 답변서를 진술하고, 필요한 경우 증거조사를 실시하는데, 전반적으로 제1심 공판절차와 유사하게 진행된다.

상고심 절차도 위와 동일하다.

4. 형사공판절차 관련 법률용어

Словарь	
러시아어	법률용어
судебная коллегия по уголовным делам	형사부 재판
обвиняемый (подсудимый)	피고인
право хранить молчание = право на отказ от дачи показаний	묵비권 = 진술거부권
зал суда	법정
доказательства виновности	유죄증거
подозреваемый	피의자
гражданство	국적
место проживания	거주
профессия, род занятий	직업
место работы	직장

родной язык	모국어
устный перевод	통역
следствие, прокуратура, обвинение	검찰
фактическое основание обвинения	공소사실
название преступления	죄명
статья, по которой предъявляется обвинение	적용법조
обвинительное заключение	공소장
обвинение	공소
возбуждение уголовного дела	기소
виды наказания	형벌의 종류
смертная казнь	사형
тюремное заключение	징역
лишение свободы	금고
штраф	벌금
мнение	의견
главный вопрос	핵심 쟁점
мнения обеих сторон	양측 주장
план доказывания	입증계획
рассмотрение доказательств	증거조사
ходатайство о приобщении к делу доказательств	증거신청
принятие (выбор)	채택
улики (доказательства)	증거물
вызвать	소환하다
пытка	고문
давление, принуждение	강압
свидетель	증인
прокурор	검사
предъявление	제시
свидетельство	증언
другой человек	타인
встречный допрос	반대신문

результаты рассмотрения доказательств	증거조사결과
окончательное мнение (решение)	최종의견
заседание	변론
дата вынесения решения суда	판결선고기일

# 제3장. 가사절차에서의 표현[11]

1. 가사절차 개관

(1) 협의이혼과 재판상 이혼

　이혼의 종류에는 협의이혼과 재판상 이혼이 있다. 부부가 서로 이혼 및 자녀의 양육에 관한 사항에 대해 합의한 경우에는 협의 이혼절차에 따라 이혼할 수 있고, 합의가 이루어지지 않은 경우에는 법원에 이혼소송을 제기하여 재판상 이혼을 할 수 있다. 대한민국의 이혼 중 75%가 협의상 이혼에 의해 이루어진다.

2. 협의이혼절차

(1) 관할

　협의이혼 의사를 확인할 수 있는 관할법원은 부부 일방의 등록기준

---
11 『법정 통역인 편람(러시아어)』, 서울법원행정처

지 또는 주소지를 관할하는 가정법원이다(가사소송법 제22조).

(2) 신청

가. 공동 및 직접신청

협의상 이혼은 가정법원의 확인을 받아 신고함으로써 그 효력이 발생한다(민법 제836조). 따라서 부부가 함께 관할법원에 출석하여 공동으로 협의이혼의사확인신청서를 제출해야 한다. 일방에 의한 신청은 불가능하며, 대리인에게 위임하는 것도 허용되지 않으므로, 직접 신청해야 한다.

나. 신청의 취하

협의이혼의사확인신청인은 법원으로부터 확인을 받기 전까지 신청을 취하할 수 있다.

(3) 안내 및 상담

민법 제836조의2 이혼의 절차의 규정에 의하면, 협의상 이혼을 하려는 자는 가정법원이 제공하는 이혼에 관한 안내를 받아야 하고, 가정법원은 필요한 경우 당사자에게 상담에 관하여 전문적인 지식과 경험을 갖춘 전문 상담인의 상담을 받을 것을 권고 할 수 있다

안내를 받으면 그날부터 숙려기간이 진행된다.

(4) 숙려기간의 경과

이혼신고의 경우는 혼인신고의 경우와 달리 가정법원의 확인을 받아야 하는데, 이는 신중하지 못한 이혼을 방지하고자 하는데 이유가 있다. 가정법원에 협의이혼의사의 확인을 신청한 당사자는 안내를 받은 날부터 양육할 자녀가 있는 경우에는 3개월, 그렇지 않은 경우에는 1개월이 지난 뒤에 협의이혼의사의 확인을 받을 수 있다(민법 제836조의2 2항).

(5) 협의이혼의사확인기일

가. 확인기일의 지정

협의이혼의사확인의 확인기일은 이혼에 관한 안내를 받은 날로부터 상기의 숙려기간이 경과한 뒤 지정된다.

나. 확인기일

기일에서의 심문내용은 비공개가 원칙이며, 부부 중 양쪽 또는 한쪽이 출석통지를 받고도 2회에 걸쳐 불출석할 경우에는 확인신청을 취하한 것으로 간주한다.

부부 양쪽이 출석한 경우에는 기일을 진행하며, 다음과 같은 절차로 진행되므로 대화문을 숙지할 필요가 있다.

> - 지금부터 협의이혼의사확인절차를 시작하겠습니다.
>   Начинаем процедуру подтверждения намерения супругов расторгнуть брак по обоюдному согласию.

- 현행 민법 제836조는 협의이혼할 때에는 판사에게 이혼의사의 확인을 받도록 규정하고 있습니다.
  Статья 836 Гражданского кодекса определяет, что супруги должны подтвердить своё намерение расторгнуть брак по обоюдному согласию в суде.

- 오늘 협의이혼의사가 확인되는 경우, 3개월 이내에 어느 일방이 시청 또는 구청, 읍사무소, 면사무소에 이혼신고를 해야 합니다.
  Если сегодня подтвердится намерение супругов расторгнуть брак по обоюдному согласию, то один из супругов должен в течение трех месяцев подать заявление о расторжении брака в администрацию города, городского муниципального округа, города уездного подчинения или волости.

- 동사무소에서는 신고가 불가능합니다.
  В администрацию городского района такие заявления не подаются.

- 만약 이혼의사가 확인된 후 3개월이 도과한 경우에는 의사확인의 효력이 사라집니다.
  По истечении трех месяцев подтверждение намерения расторгнуть брак утрачивает силу.

- 미성년인 자녀가 있는 경우에는, 이혼의사의 확인뿐만 아니라, 친권, 양육, 양육비, 면접교섭에 관한 사항이 협의되어야 합니다.
  Если вы имеете несовершеннолетних детей, то требуется не только подтвердить намерение расторгнуть брак, но и договориться о родительских правах, правах на воспитание детей, правах на общение с детьми после развода и об алиментах.

- 협의이혼의사확인은 비공개로 진행됩니다.
  Подтверждение намерения супругов расторгнуть брак по обоюдному согласию проводится в закрытом режиме.

- 미성년자인 자녀로 김갑돌과 이을순이 있으신가요?
  Вы имеете несовершеннолетних детей, которых зовут А и Б?

- 자녀들에 대한 친권자 및 양육자로 모 최순자씨를 지정하기로 하셨나요?
  Вы приняли решение о передаче матери, г-же Цой Сунджа, родительских прав и прав на воспитание ребёнка?

- 부 박무돌씨는 양육비로 자녀가 성년에 이를 때까지 매달 말일 자녀 1인당 50만원씩, 두 명 합하여 총 100만원씩 지급하기로 약정하셨나요?
  Отец, г-н Пак Мудоль, взяли ли вы на себя обязательство выплачивать алименты в размере 500 тыс. вон на каждого ребёнка, т. е. за двоих детей вместе 1 млн вон в конце каждого месяца до наступления совершеннолетия детей?

- 부 박무돌씨는 자녀들을 매월 둘째주, 넷째주 토요일 18:00부터 일요일 18:00까지 면접교섭하기로 하였나요?
  Отец, г-н Пак Мудоль, согласились ли вы встречаться с детьми с 18 часов субботы до 18 часов воскресенья во вторую и четвертую неделю каждого месяца?

- 두분 모두 이혼하시기로 합의하신 것이 맞나요?
  Обе стороны, соглашаетесь ли вы расторгнуть брак?

- 이제 3개월 이내에 시청, 구청, 읍면 사무소에 가서 신고하셔야 합니다.
  Теперь вы должны в течение трех месяцев подать заявление о расторжении брака в администрацию города, городского муниципального округа, города уездного подчинения или волости.

- 이상으로 협의이혼의사확인을 마칩니다.
  На этом завершаем процедуру подтверждения намерения супругов расторгнуть брак по обоюдному согласию.

다. 확인 시 처리

가정법원은 이혼의사 등을 확인하면 확인서를 작성하여야 하고, 미성년 자녀가 있는 경우에는 친권자 결정과 자녀의 양육에 관한 협의서 및 양육비부담조서를 작성하여 협의이혼의사확인기일에 부부 양쪽에게 교부해야 한다.

(6) 이혼신고와 이혼의사의 철회

가. 이혼신고

이혼신고는 법원으로부터 확인서 등본을 송달받은 날로부터 3개월 이내에 하여야 하고, 일방 당사자에 의하여 이혼신고를 할 수 있다. 다만, 신고를 하지 않고 3개월이 경과하면 확인의 효력이 상실된다(가족관계등록 등에 관한 법률 제75조).

이혼신고는 부부 일방의 등록기준지나 주소지의 관할 시청, 구청, 읍면사무소의 장에게 해야 한다.

나. 이혼의사의 철회

이혼의사는 이혼의사확인을 받은 뒤라도 이혼신고를 하기 전까지는 철회할 수 있다. 이혼의사를 철회한 경우에는 이혼의사확인의 효력이 상실되므로, 이혼신고를 수리할 수 없다.

3. 재판상 이혼절차

(1) 이혼소송의 제기

재판상 이혼은 부부사이에 이혼의 의사 및 재산분할, 미성년 자녀에 대한 친권과 양육권에 관하여 협의가 이루어지지 않은 경우, 또는 혼인관계 파탄에 책임 있는 상대방에게 위자료를 청구하고자 할 때, 이를 법원에 소 제기함으로써 해결하는 이혼을 말한다.

재판상 이혼절차에서는 이혼청구 이외에 위자료, 재산분할 청구도 할 수 있다. 여기서 위자료 청구란, 유책배우자에게 정신적 손해를 금전적으로 배상해 달라고 요구하는 것을 의미하며, 재산분할 청구란, 혼인 중 부부가 공동으로 형성한 재산에 대해 분할을 청구하는 것을 말한다.

(2) 재판상 이혼 사유

재판상 이혼의 사유는 민법 제840조에 규정되어 있으며, 이 사유 중 하나 이상이 인정되면, 재판상 청구를 할 수 있다.

제840조 (재판상 이혼원인)

부부의 일방은 다음 각호의 사유가 있는 경우에는 가정법원에 이혼을 청구할 수 있다.

1. 배우자에 부정한 행위가 있었을 때
2. 배우자가 악의로 다른 일방을 유기한 때
3. 배우자 또는 그 직계존속으로부터 심히 부당한 대우를 받았을 때
4. 자기의 직계존속이 배우자로부터 심히 부당한 대우를 받았을 때
5. 배우자의 생사가 3년 이상 분명하지 아니한 때
6. 기타 혼인을 계속하기 어려운 중대한 사유가 있을 때

(3) 소송절차 개관

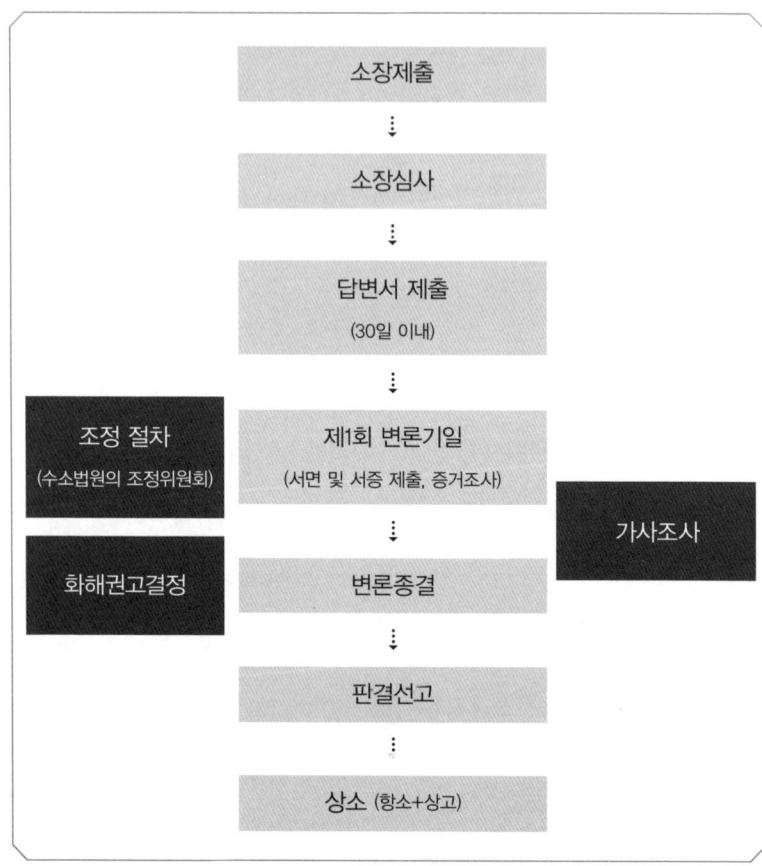

(4) 재판상 이혼절차

가사소송 절차 역시 민사소송 절차와 크게 다르지 않다.

가. 소장 부본의 송달

소장에 대한 형식적 심사가 완료되면 소장 부본을 피고에게 송달하게 된다.

나. 사전처분

청구에 대한 결론이 나기 전에, 급박한 필요가 있는 경우에는 사전처분을 할 수 있는데, 가사소송의 경우에는 ①생활비 또는 미성년 자녀에 대한 양육비 지급을 받고자 하는 경우, ②상대방의 접근금지가 필요한 경우, ③일방 당사자가 미성년 자녀를 돌보는 경우, 타방 당사자의 면접교섭을 인정해주는 경우일 때, 당사자의 신청 또는 직권에 의해 사전처분 결정을 내릴 수 있다. 사전처분결정에 대해서는 고지받은 후 7일 이내에 즉시항고를 할 수 있다.

다. 변론기일

변론기일 역시 민사소송절차에서와 동일하게 진행된다. 다만 민사사건과 달리 이혼사건은 직권주의가 적용되므로, 가정법원에서는 당사자가 주장하지 않은 사실도 판단의 기초로 삼을 수 있고, 직권으로 사실 및 증거를 조사해야 한다.

라. 가사조사

가사조사란 혼인관계 파탄의 원인, 부부 공동재산의 형성과정, 미성년 자녀의 양육여건에 대한 조사, 심리조사 등을 포함한 사실조사와 심리상담 및 약물, 알콜, 도박 중독치료 등을 포함한 조정조치를 말한다. 법원에서는 변론기일을 진행하며 가사조사관에게 가사조사를 명할 수 있다.

마. 조정 및 화해

조정과 화해에 대해서도 민사절차에서 이미 언급한 바 있다.

복습하자면, 조정은 판사 또는 조정위원의 권유에 따라 양당사자가 원만히 합의하는 것을 말한다. 조정기일에도 당사자 또는 대리인이 출석해야 하며, 조정이 성립된 경우, 법원은 당사자 사이의 합의 사항을 적은 조정조서를 작성하여 양당사자에게 송달한다. 조정조서는 확정판결과 동일한 효력이 있으므로, 당사자는 더 이상 조정내용에 대해 불복할 수 없다. 조정이 성립되지 않은 경우에는 일반 재판절차로 회부될 수 있다.

한편, 사건을 담당한 재판부는 소송이 계속되는 동안 사건의 공평한 해결을 위해 직권으로 화해권고결정을 할 수 있다. 양당사자는 화해권고결정을 송달받은 후 2주 이내에 이의신청을 해야 하고, 기한 내에 이의신청을 하지 않는 경우에는 화해권고결정이 확정되어 재판이 종결된다. 화해권고결정 역시 화해조서가 작성되면 확정판결과 동일한 효력이 있으므로, 이에 불복할 수 없다.

바. 판결선고

재판부는 사건에 대한 심리가 끝나면 선고기일을 지정하고, 그 기일에 판결을 선고하게 된다.

(5) 상소(항소, 상고)

당사자들이 제1심 판결에 불복하여 제2심 판결(고등법원)을 구하는 것을 항소라고 하며, 제2심 판결에 불복하여 제3심 판결(대법원)을 구하는 것을 상고라고 한다. 그리고 항소와 상고를 합쳐서 상소라고 부른다. 개념의 차이가 있고, 비슷한 용어이므로 사용에 주의하도록 해야 한다. 상소기간은 원심 판결문을 송달받은 날로부터 2주일 이내에 원심법원에 상소장을 제출해야 한다.

다음은 재판상 이혼소송의 재판정에서 이루어지는 대화문이다.

〈제1회 변론기일〉
Первый день судебного заседания

- 지금부터 서울가정법원 가사 제10단독 재판을 시작하겠습니다.
  Объявляю открытым заседание судебного состава №. 10 по семейным делам Сеульского семейного суда.

- 2017드단1234호 사건 원고 김갑돌, 피고 이을순씨 나오셨나요? 원고 대리인으로 누가 나오셨나요? 피고 대리인은 누가 출석했나요?
  Присутствуют ли истец А и ответчик Б по делу № _____ ? Кто присутствует в качестве представителя (адвоката) истца? Кто присутствует в качестве представителя (адвоката) ответчика?

- 원고 대리인, 청구내용을 간략하게 진술해 주세요
  Представитель истца, кратко изложите содержание иска.

- 피고 대리인, 답변내용을 간략하게 진술해 주세요
  Представитель ответчика, кратко изложите содержание ответа по иску.

- 원고는 피고가 다른 여성과 간통을 하였고, 이로 인하여 혼인관계가 파탄 났으므로 이혼을 청구하는 입장이고, 위자료 및 재산분할을 원한다는 주장이죠?
  Истец, заявляете ли вы иск о расторжении брака, разделе имущества и компенсации морального ущерба по причине того, что ответчик имел внебрачные отношения с другой женщиной (по причине супружеской измены со стороны ответчика), в результате чего ваши брачные отношения были разрушены?

- 또한 미성년자인 자녀에 대해, 친권자 및 양육자로 원고가 지정되어야 한다는 것이지요?
  Истец, считаете ли вы, что вы должны получить родительские права и права на воспитание своих несовершеннолетних детей?

- 피고 답변은 다른 여성과 간통한 사실이 없으므로, 원고의 이혼 청구 및 위자료 청구는 기각되어야 하고, 분할할 재산도 없다는 주장이지요?
  Ответчик, требуете ли вы отклонить заявление истца о расторжении брака, получении компенсации за моральный ущерб и разделе имущества по причине того, что у вас не было внебрачных отношений?

- 만약 이혼이 된다 하더라도, 친권자 및 양육자로 피고가 지정되어야 한다는 주장이지요?
  Если ваш брак будет расторгнут, считаете ли вы, что вы должны получить родительские права и права на воспитание своих несовершеннолетних детей?

- 당사자 사이에 이혼하겠다는 의사는 합의되셨나요?
  Обе стороны, пришли ли вы к обоюдному согласию о своем намерении расторгнуть брак?

- 그렇다면 쟁점은 혼인파탄의 사유가 누구에게 있는지, 재산분할 여부 및 친권자와 양육자를 누구로 지정할지가 되겠군요.
  Предметом спора остаётся то, какая из сторон является виновником расторжения брака и раздела имущества, а также кому нужно передать родительские права и права на воспитание несовершеннолетних детей.

- 원고, 피고 대리인, 추가로 보충할 내용이 있나요?
  Истец и ответчик, имеется ли у вас что-либо добавить?

- 먼저 이 사건에 대해 가사조사관에 의한 일반가사조사명령을 하겠습니다.
  Прежде всего, в связи с этим делом приказываю семейному следователю провести общее обследование семьи.

- 현재 원고가 자녀를 돌보고 있으므로, 법원에서 직권으로 사전처분을 하여 피고의 면접교섭이 이루어질 수 있도록 하겠습니다.
  В соответствии со своими полномочиями суд в качестве предварительного распоряжения выносит приказ о разрешении на общение ответчика с ребёнком.

- 또한 미성년자인 자녀가 있으므로, 원고와 피고는 우리 법원에서 시행하는 부모교육을 먼저 이수할 것을 명합니다.
  Выношу приказ о прохождении истцом и ответчиком образовательной программы для родителей в нашем суде, т. к. у вас имеются несовершеннолетние дети.

- 다음 기일은 가사조사가 완료된 후 추후에 지정하겠습니다.
  Суд назначит дату следующего судебного заседания после обследования семьи.

- 다음 기일은 3월 20일 14시 20분에 진행하려고 하는데 괜찮으신가요?
  Суд продолжится, и следующее судебное заседание будет проведено 20 марта в 14 часов 20 минут. Обе стороны, можете ли вы присутствовать в этот день?

- 그럼 다음 기일은 0월 0일 0시 0분에 진행하겠습니다.
  В таком случае суд решает провести следующее судебное заседание в назначенное время.

- 이상으로 오늘 재판은 마치겠습니다. 수고하셨습니다.
  На этом объявляю судебное заседание закрытым. Спасибо.

제2회 변론기일
Второй день судебного заседания

- 지난 기일에서 정리한 쟁점은 _____이었고, 이에 대해 가사조사를 진행하여 보고서가 제출되었습니다.
  На прошлом заседании предметом спора было то, что _____. Был получен доклад об обследовании семьи.

- 4월 7일자로 OO기관으로부터 사실조회신청한 회신이 도착하였고, 그 취지는 ____ 입니다. 이에 대해 원고측, 피고측 의견은 어떤가요?
  Получен ответ на запрос об установлении фактов от 7 апреля из учреждения А, и суть ответа в том, что ____ . Адвокат истца и адвокат ответчика, изложите свои мнения об этом.

- 원고, 피고 대리인 더 추가할 주장이나 내용이 있나요?
  Представитель истца и представитель ответчика, имеется ли у вас что-либо добавить?

(조정 등을 권고하는 경우)
Случай таких рекомендаций, как примирение

- ~에 비추어 볼 때, 화해를 하시는 것이 적절해 보이는데 어떠신가요?
  Судя по тому, что ____ , будет лучше, если вы пойдете на примирение. Как вы думаете?

- 다음 기일까지 서로 협의해 보시겠습니까?
  Желаете ли вы пойти на примирение до следующего заседания?

- 그럼 쟁점은 ~이 되겠네요. 변론을 모두 종결하고, 재판부가 판단해보도록 하겠습니다.
  В таком случае предметом спора остается ____ . На этом объявляю судебное заседание закрытым. Суд примет решение по этому спору.

- 판결은 2주 뒤인 0월 0일 0시에 이 법정에서 선고하겠습니다.
  Решение будет вынесено через две недели в [время, день, месяц] в этом суде.

- 선고기일에는 출석하지 않아도 되고, 판결문은 주소로 송달해 드립니다.
  Вам вышлют письменное решение суда на дом, поэтому вы можете не присутствовать в день вынесения решения суда.

> - 수고하셨습니다.
>   Спасибо!

(6) 판결 확정 후의 절차

판결이 확정되면 가족관계등록부상의 신분관계를 정리해야 할 필요가 있는데, 판결이 확정된 날로부터 1개월 이내에 판결등본, 송달증명서, 확정증명서를 첨부하여 등록기준지 또는 주소지에 신고를 해야 한다.

4. 가사재판절차 관련 법률용어

Словарь	
러시아어	법률용어
процедура подтверждения намерения супругов расторгнуть брак по обоюдному согласию	협의이혼의사확인절차
гражданское право	민법
развод по обоюдному согласию	협의이혼
намерение расторгнуть брак	이혼의사
правило	규정
администрация города (мэрия)	시청
администрация городского муниципального округа	구청
администрация города уездного подчинения	읍사무소
администрация волости	면사무소
исковое заявление о расторжении брака	이혼신청

администрация городского района	동사무소
действие (сила)	효력
родительские права	친권
воспитание детей	양육
алименты (на воспитание детей)	양육비
право на общение с детьми после развода	면접교섭권
закрыто	비공개
несовершеннолетний (ребёнок)	미성년자
последний день месяца	말일
выплачивать (выдавать)	지급하다
обещание	약정
день судебного заседания	변론기일
Сеульский семейный суд	서울가정법원
истец	원고
ответчик	피고
представитель	대리인
содержание заявления	청구내용
содержание ответа	답변내용
супружеская измена	간통
крах; разрушение	파탄
компенсация	위자료
раздел имущества	재산분할
спор (вопрос)	쟁점
причина (основание)	사유
добавление (дополнение)	보충
обследование семьи	가사조사
приказ об общем обследовании семьи	일반가사조사명령
полномочие	직권
предварительное распоряжение	사전처분
образовательная программа для родителей	부모교육
доклад	보고서

проверка фактов	사실조회
ответ	회신
суть (смысл)	취지
примирение	화해
завершение (окончание)	종결
решение	판단
день вынесения решения суда	선고기일
письменное решение суда	판결문
отправлять (доставлять)	송달하다

# 제4장. 난민소송에서의 표현[12]

1. 난민소송의 개관

(1) 난민의 개념

일반 시민들에게 난민의 개념에 대해서 묻는다면, 흔히들 어려울 난(難), 백성 민(民)의 '어려운 사람들', 곧 전쟁 난민들을 떠올리곤 한다. 전쟁 난민도 넓은 의미의 난민에 해당하지만, 난민법 제2조 제1호에 규정된 난민의 구체적 내용은 다음과 같다.

난민이란 인종, 종교, 국적, 특정 사회집단의 구성원인 신분 또는 정치적 견해를 이유로 박해를 받을 수 있다고 인정할 충분한 근거가 있는 공포로 인하여 국적국의 보호를 받을 수 없거나 보호받기를 원하지 아니하는 외국인 또는 그러한 공포로 인하여 대한민국에 입국하기 전에 거주한 국가(이하 '상주국'이라 한다)로 돌아갈 수 없거나 돌아가기를 원하지 아니하는 무국적자인 외국인을 말한다.

예컨대 과거 이슬람을 국교로 하던 이란의 경우, 개종하는 배교자

---

12 『난민재판의 이해』, 서울행정법원

에 대해서는 사형에 처한다는 형법조항이 있었다. 우연한 기회에 기독교를 접한 이란 사람이 기독교로 개종하는 순간, 사복 경찰에게 체포되면 국가형벌을 받아야만 했다. 때문에 종교의 자유가 인정되는 대한민국으로 피난하여, 종교적 이유로 본국으로부터 박해받을 가능성이 있다는 사유로 난민신청을 하였던 사례가 있다.

(2) 난민제도의 현황

우리나라는 1992년과 1993년에 걸쳐 난민협약과 난민의정서에 가입하였고, 그 후 출입국관리법에 난민에 관한 조항들을 규정함으로써 1994년부터 난민제도를 운용하기 시작하였다. 이후 2013년 아시아 최초로 난민법을 제정 및 시행하고 있다.

1994년부터 2012년도까지 난민신청자의 수는 5000건에 육박하지만, 인정된 사례는 250건에 불과했다. 하지만 난민법이 제정 및 시행된 후인 2013년부터 2016년까지 난민신청자 수는 매년 급격히 증가하고 있으며, 2016년만 해도 난민신청자의 수가 4000건에 이른다. 즉, 난민협약 및 난민의정서에 가입하고 약 10년간 난민신청자 수가 5000건이었는데 비해, 난민법이 제정된 이후 2016년 한해의 난민신청자 수만 4000건인 것이다.

최근 6년간 난민 신청자 현황 /자료 : 법무부 제공

연도	2011년	2012년	2013년	2014년	2015년	2016년 7월
신청자 수	1천11명	1천143명	1천574명	2천896명	5천711명	4천 190명

2016년 난민신청, 인정, 인도적 체류, 불인정, 철회 현황　　　　　　　／법무부 제공

구분	난민신청	심사종료				철회
		합계	난민인정	*인도적 체류	불인정	
1~7월	4천190명	2천390명	24명	50명	2천316명	448명

* **인도적 체류 허가를 받은 사람이란?** 난민법상 난민에는 해당하지 않지만 고문 등의 비인도적인 처우나 처벌 또는 그 밖의 상황으로 인하여 생명이나 신체의 자유 등을 침해당할 수 있다고 인정할 만한 합리적인 근거가 있는 사람으로 법무부장관으로부터 체류허가를 받은 외국인

　　난민신청자의 수가 급격히 증가한 이유에는 다양한 원인이 존재한다. 국제 정세 및 전쟁과 내전으로 인한 피난민들이 증가하기도 하였지만, 아시아 최초로 난민법이 제정되면서 대한민국의 난민제도에 대한 홍보가 되었던 이유도 있다. 또한 최근에는 러시아를 비롯한 중앙아시아 국가의 CIS출신 난민신청자가 늘어나고 있는데, 무비자 협정 체결에 따라 대한민국으로의 출입국이 상대적으로 자유로워졌기 때문인 것으로 보인다. 또 국내에 거주하고 있는 유학생 및 외국인 체류자들 사이에 합법적인 체류를 위한 난민제도 악용 사례가 늘어나면서 난민신청이 유행이 된 탓이기도 하다.
　　요지인즉, 난민신청자 수가 늘어남에 따라, 난민소송으로 이어지는 사건의 건수가 증가하고 있고, 이에 따라 난민불인정결정처분에 대한 취소소송을 진행함에 있어 사법통번역사들의 역할도 커지고 있다는 점이다.

(3) 난민신청절차[13]

---

13 2013 난민재판의 이해, 서울행정법원, 2013. 12.

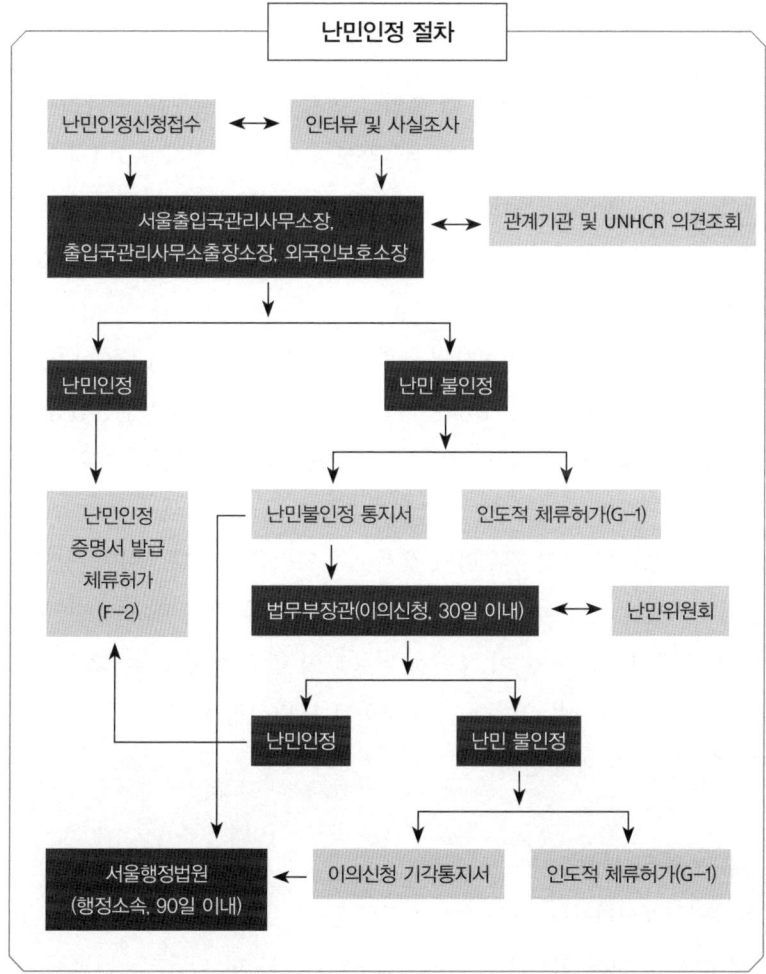

가. 난민인정신청

　난민신청절차와 관련하여, 난민인정을 받으려는 사람은 법무부장관에게 난민인정신청을 하여야 한다. 법무부장관은 난민법에 따른 권한의 일부를 대통령령이 정하는 바에 따라 출입국관리사무소장, 출입국관리사무소 출장소장, 외국인보호소장 등에게 위임할 수 있다(난민법 제46조).

따라서 입국심사를 받을 때 출입국 항을 관할하는 출입국관리사무소장 등에게 난민인정신청서를 제출하도록 하고, 신청자를 7일의 범위에서 출입국 항에 머무르게 할 수 있으며, 7일 이내에 난민인정 심사 회부 여부를 결정하지 못하면 그 신청자의 입국을 허가하도록 하였다(난민법 제6조).

한편 난민신청자는 변호사의 조력을 받거나(난민법 제12조), 난민심사과의 허락하에 신뢰관계있는 사람을 동석시킬 수 있으며(난민법 제13조), 대통령령으로 정하는 일정한 자격을 갖춘 통역인의 통역을 받을 수 있다(난민법 제14조).

또한 난민신청자의 경우라도 생계비의 지원을 받거나, 난민신청일로부터 6개월이 지난 후에는 법무부장관의 허가를 받아 취업할 수 있다(난민법 제40조). 다만 이 조항을 악용하여 합법적 체류 및 장기 취업을 위해 난민사유가 없음에도 불구하고 난민신청을 하는 난민신청자가 증가하는 추세이다.

나. 면접 및 사실조사

난민인정신청서를 제출받은 출입국관리사무소장 등은 지체없이 난민신청자에 대해 면접을 실시하고, 사실조사를 한 다음 그 결과를 난민인정신청서에 첨부하여 법무부장관에게 보고하여야 한다(난민법 제8조 제1항).

난민에 대해 최초로 이루어지는 면접결과는 난민인정 여부의 판단에 있어 매우 중요한 자료이므로 충실한 조사와 정확한 통역이 필수적이다. 이에 따라 난민법에는 법무부장관은 난민신청자가 한국어로 충분한 의사표현을 할 수 없는 경우에는 면접 과정에서 대통령령으로 정하는 일정한 자격을 갖춘 통역인으로 하여금 통역하게 하여야 한다고 규정하고 있다(난민법 제13조). 그럼에도 난민신청자들 중 상당수는 최초 난민면접 시에 통역이 제대로 이루어지지 않았다는 등 불만을 표시하는 경우가 종종 있다.[14]

다. 심사 및 결정

난민인정 여부의 결정은 법무부장관으로부터 난민인정 심사 및 결정에 대한 권한을 위임받은 출입국관리사무소장 등이 담당하게 되는데, 신청서를 접수한 날부터 6개월 안에 하여야 하고, 난민인정 신청이 이유 있다고 인정할 때에는 난민임을 인정하는 결정을 하고, 난민인정증명서를 난민신청자에게 교부하고, 난민에 해당하지 아니한다고 결정하는 경우에는 난민신청자에게 그 사유와 난민불인정결정통지서를 교부해야 한다(난민법 제18조 제1항, 제2항).

라. 이의신청

난민불인정결정을 받은 사람 등은 그 통지를 받은 날로부터 30일 이내에 이의신청을 출입국관리사무소장 등에게 제출할 수 있으며, 이의신청을 접수한 법무부장관은 이의신청을 심의하기 위하여 법무부의 난민위원회에 회부하고, 난민위원회의 심의를 거쳐 난민인정 여부를 결정해야 한다(난민법 제21조). 물론 이의신청을 거치지 않고 곧바로 법원에 난민소송을 제기할 수도 있다.

심의를 거쳐 난민이 아니라고 결정되는 경우에는, 이의신청기각결정

---

14 "난민인정절차와 관련된 문제점에 관하여", 김병주, 2002 한국인권보고대회 자료집, 167-171 참조.

통지서를 난민신청자에게 교부하여야 한다.

마. 난민불인정결정에 대한 행정소송

난민불인정결정에 대하여는 이의신청을 거친 경우에는 이의신청 기각결정 통지서를 받은 날로부터, 이의신청을 거치지 않은 경우에는 난민불인정통지서를 받은 날로부터 각 90일 이내에 행정소송법 제4조 제1호 소정의 취소소송을 제기할 수 있다. 90일의 제소기간을 넘기면 취소소송은 불가능하고, 행정소송법 제4조 제2호 소정의 무효 등 확인소송이 가능할 뿐이다. 이의신청을 거친 경우에도 행정소송법 제19조에 따라 이의신청에 관한 결정이 아니라 최초의 난민불인정결정이 취소소송의 대상이 된다.

2. 난민재판절차

(1) 소장의 접수

난민불인정결정 처분에 대한 취소소송은 양재역에 위치한 서울행정법원에 소장을 제출함으로써 개시된다.

서울행정법원 종합접수실에서는 아래와 같은 난민소송용 소장 양식을 비치하고 있다. 난민신청자는 아래 소장 양식에 성명 등 인적사항과 난민불인정결정일 등을 보충하여 소장을 완성하여 제출하면 된다.

소장이 접수되어 사건이 재판부로 배당되면 소가 본격적으로 개시된다.

소 장(Complaint)

원고 Name in Korean _____
(Plaintiff)
    Name in English _____
    (Family name, First name)

    Alien Registration No. or Date of Birth(YY-MM-DD) _____

    주소 Address _____

    송달장소 Address for Delivery _____

    전화번호 Telephone No(Mobile phone No) _____

피고 서울출입국관리사무소장(The Chief of Seoul Immigration Office)
(Defendant)

난민불인정처분취소 청구의 소
(Complaint against the Chief of SIO's decision to deny the refugee status)

청 구 취 지(Purport of the Claim)

1. 피고가 20___ . ___ . ___ . 원고에 대하여 한 난민불인정처분을 취소
    (Year)(Month)(Day) **(Date on Refusal Notice of Refugee Status)**
한다. (To revoke the **Chief of SIO's** decision to deny the refugee status)

2. 소송비용은 피고의 부담으로 한다.
    라는 판결을 구합니다. (The cost of litigation be borne by the defendant)

청 구 원 인(Cause of the Claim)

1. 원고가 20__ . __ . __ . 인종, 종교, 국적, 특정사회집단의 구성원 신분
   (Date of Departure from Home Country)
   또는 정치적 의견을 이유로 박해를 받을 수 있다는 우려로 인하여 원고의 출신국인
   _____ 에서 출국하여 20__ . __ . __ . 대한민국에 입국하였습니다.
   (Name of Home Country)   (Date of Arrival in Korea)
   (The plaintiff departed his/her home country and entered Korea because of growing concern that he/she may face intense persecution due to religious, national, or political views)

2. 원고는 대한민국에 입국한 이후 20__ . __ . __ . 피고에게
   (Date of Refugee Application)
   난민인정에 관한 신청을 하였으나, 피고는 20__ . __ . __ . 원고에게
   (Date on Refusal Notice of Refugee Status)
   난민불인정결정을 하여, 위 난민불인정통지서는 20__ . __ . __ .
   (Date on Refusal Notice of Refugee Status Received)
   원고에게 도달하였습니다.
   (The plaintiff filed an application for refugee status, but the Chief of SIO refused to grant such status and the plaintiff received the refusal notice)

3. 그리하여 원고는 20__ . __ . __ . 법무부장관에게 위 난민불인정처분에
   (Date of Appeal Application)
   대하여 이의신청을 하였으나, 법무부장관은 20__ . __ . __ . 원고에게 이의
   (Date on Disapproval Notice on Appeal)
   신청에 대한 기각결정을 하였고, 위 이의신청에 대한 결정통지서는
   20__ . __ . __ . 원고에게 도달하였습니다.
   (Date on Disapproval Notice on Appeal Received)
   (The plaintiff subsequently filed a formal objection, but once again it was denied)

4. 그러나 원고는 난민인정 심사절차에서 신청사유로 주장하였던 것과 같은 이유로 박해를 받을 우려가 있어 _____ 으로 귀국할 수 없는 상황입니다.
   (Name of Home Country)
   (However, due to concern of possible persecution, the plaintiff is simply unable to return to his/her home country)

5. 그렇다면 원고는 출입국관리법 제2조 제2호의2에서 말하는 난민에 해당하므로, 피고가 20__ . __ . __ . 원고에 대하여 한 난민불인정처분은 위법, 부당하여
(Date on Refusal Notice of Refugee Status)
취소되어야 할 것입니다.
(That is, the plaintiff is a legitimate asylum seeker under Immigration Control Law 2.2(2), and therefore the Chief of SIO's decision, which is unlawful and unjust, should be revoked)

입 증 방 법**(Method of Proof)**

1. 갑 제 1호증

첨 부 서 류**(Attached Documents)**

1. 위 각 입증방법 각 1부. (A copy of the adove mentioned proving method)
1. 송달료 납부서   1부. (A copy of the receipt of delivery fee payment)
1. 소장 부본   1부. (A copy of the duplicate of a complaint)

20__ . __ . __ .

원고 _____ (Signature)
(Plaintiff)   (Name in full)

서울행정법원   귀중

(2) 변론기일의 지정

소장이 접수되면 배당받은 재판부에서는 변론기일을 지정한다. 통상 1회의 변론기일로 난민재판은 변론이 종결된다.

(3) 변론기일

가. 당사자 및 사건번호의 호명

재판장은 해당사건의 변론기일 시각이 되면 당사자와 통역인 및 사건번호를 호명하게 된다.

나. 통역인 등의 좌석 배치

통역인은 원고 대리인과 원고 사이에 앉게 된다. 즉, 법대에서 바라보았을 때 피고 측(피고 소송수행자)에 가장 가까운 자리에 원고 소송대리인을, 그 우측 옆에 통역인을, 맨 우측에 원고를 앉게 하는 것이 바람직하다.

원고소송대리인이 없는 경우에는, 피고 측에 가장 가까운 자리에 원고를, 그 옆에 통역인이 앉는 게 통상적이다.

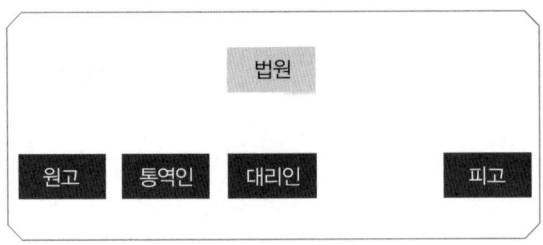

> **선 서**
>
> 양심에 따라 성실히 통역하고 만일 거짓이 있으면 허위통역의 벌을 받기로 맹서합니다.
>
> 통 역 인:
> 주   소:
> 생년월일:

다. 통역인의 선서

원고에 대한 통역을 위하여 출석한 통역인에 대하여 재판을 시작하기 전에 선서를 명하게 된다.

통역인은 선서석으로 이동하여 다음과 같은 선서를 하고 다시 본인의 자리에 앉게 된다.

선서한 이후에 재판장은 통역인에게 원고와의 관계 및 법정통역 경력에 대하여 확인한다.

라. 심리

재판장은 원고 및 원고의 소송대리인과 통역인 그리고 피고 소송수행자가 출석한 경우, 원고에 대한 인정신문(당사자 본인을 확인하는 절차)을 하고, 원고에게 난민신청을 한 이유와 제출한 소장 및 서증에 대한 증거조사를 한다.

쌍방 당사자와 통역인이 모두 출석하여 재판 심리를 하는 경우, 사법통번역사가 접하게 될 대화는 다음과 같다.

> 〈쌍방 당사자가 출석하여 심리를 진행하는 경우〉
>
> – 당신은 왜 난민신청을 하셨습니까?
>   Почему вы подали ходатайство о признании беженцем?
>
> – 어떤 이유로 난민신청을 하셨습니까?
>   Что конкретно заставило вас подать ходатайство о признании беженцем?

- 난민면접 당시 진술한 것은 모두 사실입니까?
  Является ли правдой всё, что вы сказали во время собеседования на получение статуса беженца?

- 제출한 서류 및 증거는 모두 진본입니까?
  Являются ли достоверными все документы, которые вы представили?

- 본국에서 어떤 박해를 받았습니까? 구체적으로 이야기 해주세요.
  Каким притеснениям (преследованиям) вы подвергались в вашей стране? Расскажите подробно.

- 무엇 때문에 당신은 박해를 받았나요?
  За что вас подвергали притеснениям (преследованиям)?

- 누가 당신을 박해하였나요?
  Кто подвергал вас притеснениям (преследованиям)? = Со стороны кого вы подвергались притеснениям (преследованиям)?

- 추가로 제출할 증명서나 증거가 있나요?
  Есть ли у вас ещё что-либо представить в качестве свидетельства или доказательства?

- 제출하고 싶은 추가서류가 있나요?
  Есть ли у вас ещё какие-либо дополнительные документы, которые вы хотели бы представить?

- 재판부에 더 추가로 하고 싶은 말이 있습니까?
  Желаете ли вы что-либо добавить?

박해에 대한 예시 답변

Примерные ответы на вопросы о преследовании

(1) 정치적 이유로 인한 박해(Притеснения по политическим причинам)

- 저는 〈 〉라는 정당에 가입하였습니다. 이 때문에 반대 정당이 저를 위협했습니다.
  Я вступил в партию А, поэтому подвергся преследованиям со стороны противостоящей ей партии.

  〈재판부 추가 질문 – дополнительные вопросы суда〉

  ① 당신은 정당에서 어떤 정치적 활동을 하였나요?
  Какую политическую деятельность вы вели в составе партии?

  ② 당신은 정당에서 중요한 지위에 있었나요? 아니면 일반 당원이었나요?
  Занимаете ли вы важный пост в своей партии или являетесь ее рядовым членом?

- 저는 정부에 반대하는 시위에 참여하였습니다.
  Я участвовал в антиправительственном митинге.

  〈재판부 추가 질문 – дополнительные вопросы суда〉

  ① 당신은 정부를 반대하는 시위에 참여하여, 체포된 적이 있습니까?
  Были ли вы когда-либо арестованы за участие в антиправительственном митинге?

  ② 당신에 대한 체포영장이 발부되었다면, 어떻게 출국하였나요?
  Если был выдан ордер на ваш арест, как вы смогли выехать из своей страны?

(2) 종교적 이유로 인한 박해(Притеснения по религиозным причинам)

- 저는 이슬람인이었습니다(=저의 종교는 이슬람이었습니다). 그 이후 기독교로 개종하였습니다.
  Я был мусульманином. Потом я поменял вероисповедание на христианство.

- 저는 부모님으로부터 종교에 대한 강요를 받았습니다. 저의 부모님은 제가 다른 종교라는 이유로 저를 위협했습니다.
Мое вероисповедание было навязано мне родителями. Мои родители угрожали мне из-за того, что я принял другую веру.

〈재판부 추가 질문 – дополнительные вопросы суда〉

- 종교를 개종한 이유가 무엇인가요?
По какой причине вы поменяли вероисповедание?

마. 당사자 및 통역인 불출석인 경우

당사자인 원고 또는 원고 소송대리인이 불출석 또는 피고측 소송수행자가 불출석하여 일방이 불출석한 경우, 재판장은 진술간주(기제출한 소장 및 답변서의 기재내용을 진술한 것으로 간주)하고 출석한 일방 당사자에게 변론을 명하기도 하고, 쌍방 불출석 처리를 하기도 한다. 진술간주 후 출석한 일방 당사자가 변론을 하게 되면 통상적으로 변론을 종결시키고 선고기일이 잡히며, 재판장이 쌍방 불출석 처리를 하게 되면 변론기일이 연기된다.

한편, 원고가 통역료를 지불하지 않아 통역인이 지정되지 않았거나, 통역료는 지급하였으나, 통역인이 불출석한 경우에도 재판장은 변론기일을 연기하게 된다.

당사자 일방의 불출석 또는 통역인의 미지정 및 불출석한 경우 다음과 같은 대화문을 숙지해야 한다.

〈당사자 일방 또는 통역인이 불출석하여 변론기일이 연기된 경우〉

- 변론기일이 다른 날로 변경되었습니다.
  Судебное заседание переносится на другую дату.

- 판사가 변론기일을 다른 날로 잡았습니다.
  Судья перенёс судебное заседание на другую дату.

- 통역인이 오지 않아 변론기일이 연기되었습니다.
  Сегодня ваш переводчик не явился в суд, поэтому судебное заседание переносится на другую дату.

- 당신은 신한은행에 통역료로 36만원을 지불해야 합니다.
  Вам нужно заплатить за услуги переводчика 360 000 (триста шестьдесят тысяч) вон в банке «Синхан».

바. 변론종결 및 선고기일의 지정

양쪽 당사자 모두 더 이상 제출할 증거가 없는 경우, 재판장은 심리를 종결하고 결심하게 된다. 난민소송의 경우 통상적으로 1회 변론기일로 변론이 종결되고, 재판장은 선고기일을 잡게 된다.

변론기일이 종결되고, 선고기일을 지정하는 경우, 이루어지는 대화는 다음과 같다.

〈변론기일이 종결되고, 선고기일을 지정하는 경우〉

- 오늘 변론을 종결하려고 합니다. 추가하고 싶은 것이 있습니까?
  Сегодняшнее заседание подходит к концу. Желаете ли вы что-либо добавить?

> – 추가할 것이 없으면 오늘 재판을 마치려고 합니다.
>   Если вам нечего добавить, завершаем сегодняшнее заседание.
>
> – 판결문은 집으로 발송되니, 선고기일에는 재판장에 안 나오셔도 됩니다.
>   Вам вышлют письменное решение суда на дом, поэтому вы можете не приходить в суд.
>
> – 선고기일은 ＿＿＿ . ＿＿＿ . ＿＿＿ .입니다.
>   Дата вынесения решения суда ＿＿＿ .

(4) 선고 – 확정판결의 효력

변론이 종결되고, 선고기일에 난민불인정결정 처분에 대한 취소(청구인용)여부가 결정된다.

난민불인정결정에 대한 취소판결이 확정되면, 일반적인 취소소송의 확정판결과 마찬가지로 소급효 및 대세효가 생기기 때문에, 난민불인정결정통지는 그 취소판결의 확정으로 처음부터 무효가 되고, 누구에게나 주장할 수 있게 된다. 결국 난민불인정결정에 대한 취소판결이 확정되면 행정청이 아직 난민인정신청에 대해 결정을 내리지 않은 상태로 돌아가며, 행정청은 판결의 취지에 따라 난민인정신청에 대해 처분을 해야 할 의무가 발생한다.

한편 난민인정자는 난민협약에 따른 처우를 받으며, 우리나라 국민과 같은 수준의 사회보장을 받고, 국민기초생활 보장법에 따른 보호를 받을 수 있으며, 난민인정자나 그 자녀가 미성년자인 경우에는 국민과 동일하게 초중등교육을 받고, 외국에서 이수한 학력 및 외국에서 취득한 자격을 인정받을 수 있다. 또 난민 인정자의 배우자 또는 미성년자인 자녀가 입국을 신청하는 경우 입국을 허가하도록 함으로써 가족

결합의 원칙을 명문으로 규정하였다.

(5) 항소 및 상고

제1심에서 원고 청구기각 결정이 나오면, 원고는 그 판결분 정본을 받은 날로부터 2주 이내에 항소를 할 수 있다. 그리고 항소심(고등법원)에서의 절차진행은 1심과 다르지 않다. 항소심에서도 원고청구가 기각될 경우에는 상고를 하여 불복할 수 있다.

3. 난민소송 관련 법률용어

Словарь	
러시아어	법률용어
беженец	난민
обе стороны	쌍방
сторона (лицо)	당사자
присутствие (явка)	출석
расследование	심리
проведение (процесс)	진행
ходатайство о признании беженцем	난민신청
собеседование на получение статуса беженца	난민면접
изложение, показания	진술
документ	서류
доказательство	증거
преследование, притеснение, гонение	박해
конкретный (подробный)	구체적
политический	정치적
партия	정당

угроза	위협
политическая деятельность	정치적 활동
статус	지위
член партии	당원
правительство	정부
протест, демонстрация, митинг	시위
участие	참여
арест	체포
вероисповедание, вера, религия	종교
переход в другое вероисповедание	개종
ордер на арест	체포영장
оформление (выдача)	발부
выезд из страны	출국
иммиграционная служба	출입국 관리사무소
государственный служащий	공무원
взятка	뇌물
добавление	추가
переводчик	통역인
отсутствие (неявка)	불출석
отсрочка (перенесение на более поздний срок)	연기
судебное заседание	변론기일
судья	판사
завершать	종결하다, 끝내다
день вынесения решения суда	선고기일
приказ о депортации, ордер на высылку	강제출국명령
иск об отмене отказа в предоставлении статуса беженца	난민불인정처분 취소소송
письменный ответ	답변서
Верховный суд	대법원
суд по гражданским делам	민사재판
Министерство юстиции	법무부
министр юстиции	법무부장관

гонорар адвоката	변호사 보수
расходы на услуги адвоката	변호사 비용
номер дела	사건번호
другая сторона; противоположная сторона	상대방
Высокий суд Сеула	서울고등법원
Сеульский административный суд	서울행정법원
судебный иск; судебное дело; судебный процесс	소송
право бедности (освобождение участника процесса от уплаты судебных издержек)	소송구조
ходатайство об освобождении участника процесса от судебных издержек	소송구조신청서
судебное дело	소송사건
исковой документ	소송서류
предъявление иска	소송제기
состязательная бумага	소장
доставка	송달
плата за доставку	송달료
гербовый сбор	수입인지(인지대)
заявитель	신청인
иностранный рабочий	외국인 근로자
регистрация иностранных граждан	외국인 등록
протокол	조서
письменное заявление	준비서면
доказательство	증명
выдача свидетельства	증명서 발급
свидетель	증인
извещение об отказе в продлении срока пребывания	체류기간연장 등 불허결정통지서
плата за перевод	통역료
письменное решение суда	판결문
ответчик	피고
апелляционный суд	항소법원

апелляционная жалоба	항소장
административный судебный процесс	행정소송
административное распоряжение	행정처분
дата решения суда	선고기일

제5장. 법률상담 시 유용한 표현

사법통역사는 재판의 심리 이전부터 판결을 통해 양형이 내려지기까지 사법절차의 전 과정에서 통역 서비스를 제공하게 된다. 즉, 경찰 수사단계에서의 피의자 신문단계나, 변호사 접견, 경찰서, 구치소, 병원, 변호사 사무실에서도 이루어질 수 있다[15].

다음은 변호사 사무실에서 이루어질 수 있는 대화문이다.

- 무엇을 도와드릴까요?
  Чем я могу вам помочь?

- 어떤 문제 때문에 오셨나요?
  По какому вопросу вы пришли?

- 이 경우엔 OOOOO이 법적 쟁점이 됩니다.
  В данном случае _____ становится предметом судебного разбирательства.

- 이 경우에는 민사상/형사상 문제가 됩니다.
  В таком случае возникает повод для уголовного или гражданского разбирательства.

---
15 류현주(2012), 한국 사법 통역 제도에 관한 재고, 『T&I review』 2호, 129-144쪽.

- 이 경우에는 입증이 가장 중요합니다.
  В данном случае самым важным является представление (подтверждающих) доказательств.

- 소송을 진행할 경우, 경제적으로 부담될 뿐 아니라 정신적으로 피폐해지기 마련입니다. 따라서 상대방과 합의를 하는 게 제일 좋은 방법입니다.
  Если вы будете добиваться удовлетворения иска, вам будет тяжело не только с финансовой, но и с психологической точки зрения. Поэтому лучший вариант — это договориться с другой стороной.

- 사건이 복잡하기 때문에 변호사를 수임하여 자세한 상담을 받아 보시는 게 좋을 거 같습니다. 만약 사건을 수임할 경우 수임료는 OOO 정도입니다.
  Так как это дело сложное, вам лучше обратиться к адвокату и проконсультироваться. Услуги адвоката будут стоить ____.

- 사실관계가 복잡하여 검토가 필요할 것 같습니다. 검토 후 바로 메일/전화로 연락드리겠습니다.
  Так как фактическая сторона дела сложна, оно, вероятно, потребует тщательного рассмотрения. Сразу после рассмотрения я свяжусь с вами по по e-mail или по телефону.

- 승소할 것이라고 확실하게 말해드릴 수는 없지만, 법률상 충분히 다퉈볼 만합니다. 유리한 조건들이 많으니 우리가 이길 수 있길 희망합니다. 최선을 다해보겠습니다.
  Я не могу вам сказать точно, выиграем ли мы дело, но с юридической точки зрения вполне можно попытаться посудиться. Многие обстоятельства складываются в нашу пользу, и я надеюсь, что мы выиграем. Я сделаю всё, что от меня зависит.

Словарь	
러시아어	법률용어
вопрос, проблема	문제
предмет судебного разбирательства	법적 쟁점
повод для гражданского/уголовного разбирательства	민사상/형사상 문제

подтверждать, доказывать	입증하다
судебный иск; судебное дело; судебный процесс	소송
финансовое бремя	경제적 부담
психологический, моральный	정신적
истощение, обеднение	피폐
договариваться	합의하다
адвокат (адвокат обвиняемой стороны; защитник)	변호사(변호인)
поручение об оказании юридических услуг	수임
поручать	수임하다
консультация	상담
плата за юридическую услугу	수임료
рассматривать, проверять	검토하다
выигрывать дело (в суде)	승소하다
по закону; юридически	법률상

Ⅳ. 한국자격교육협회 주관 사법통역사 자격시험 기출문제 및 해설

사법통역사 자격시험 시행 안내

제1회 사법통역사 자격시험 문제

제2회 사법통역사 자격시험 문제

# 사법통역사 자격시험 시행 안내

1. 사법통역사 자격증

　한국자격교육협회 주관 사법통역사 자격증은 자격기본법 제17조에 의해 국가승인(등록번호 2016-005792)된 민간자격증으로 국내 유일한 사법통역 관련 자격증이다. 2017년에 처음 시행되어 연 2~3회 시행될 예정이다.

2. 사법통역사란?

　사법통역사란 날로 늘어나는 외국인 범죄인에 대한 경찰 및 검찰 조사 통역과 각급 법원에서의 법정통역을 맡아 법률통역서비스 업무를 담당하는 통역전문가로 소정의 시험에 합격하여 자격을 취득한 사람을 말한다.

3. 시험과목 및 출제기준

① 시험과목

구 분	시 험 과 목	합격결정기준 (1, 2차 동시시행 절대평가)
1차 - 필기시험 (객관식 4지 택일형)	1) 법학개론 2) 직업윤리 3) 해당 외국어	과목당 100점 만점에 40점 이상 전 과목 평균 60점 이상
2차 - 실무시험 (해당 외국어 통역 능력 측정)	해당 외국어의 통역 실제	100점 만점에 70점 이상 합격

② 출제기준

시 험 과 목	문항수	평 가 주 요 내 용
법학개론	25문항	법학의 기초이론, 한국사법제도와 법률적 지식, 형사 및 민사의 소송절차 등 법률 전반에 관한 기본 사항
직업윤리	25문항	사법통역사로서 갖추어야할 도덕적 자질과 직업윤리적 사명 등 사법통역 활동영역의 직무에 관한 사항
해당 외국어	25문항	해당 외국어에 대한 문장구성력, 법률용어에 대한 통역 및 어휘력 등 사법통역에 필요한 외국어에 관한 사항
해당 외국어 통역능력측정	25문항 실무	기초 통역기술과 대화, 민사 및 형사상의 사법통역, 재판절차의 통역 등 통역실무 전반에 관한 사항

4. 시험문제 배점 및 시간

① 배점 : 1차 : 객관식 1 문제당 5점

　　　　2차 : 주관식 및 단답형 (직무교육으로 대체할 수 있음)

② 시험시간 : 100분

5. 참고

한국자격교육협회 홈페이지(www.kela.or.kr)를 참고

제1회 사법통역사 자격시험 문제

| 종목명 | 사법통역사 | 종목코드 | 1001 | 시험시간 | 100분 | 문제지형별 | A 형 |

법학개론

1. 다음 중 현대복지국가적 의미의 헌법의 특징에 속하지 않는 것은 어느 것인가?

   ① 정당국가적 경향
   ② 사회적 시장경제질서
   ③ 자유권적 기본권의 보장
   ④ 행정국가적 경향과 권력융화적 현상

2. 기본권을 절대적 기본권과 상대적 기본권으로 분류할 경우 절대적 기본권에 속하는 것은 어느 것인가?

   ① 표현의 자유
   ② 통신의 자유
   ③ 거주·이전의 자유
   ④ 종교선택 및 개종의 자유

3. 다음 중에서 법과 도덕의 구별에 관하여 가장 타당하지 않은 것은 어느 것인가?

① 법의 외면성과 도덕의 내면성
② 법 당위성과 도덕의 필연성
③ 법의 타율성과 도덕의 자율성
④ 법의 강제성과 도덕의 비강제성

4. 동일한 채권을 확보하기 위하여 여러개의 부동산 위에 설정되는 저당권은 다음 중 어느 것인가?

① 양도담보　　　　　② 근저당
③ 공동저당　　　　　④ 포괄근저당

5. 외국인에 대한 기본권제한으로 인정될 수 없는 것은?

① 거주의 자유에 대한 제한
② 참정권에 대한 제한
③ 재판청구권에 대한 제한
④ 직업선택과 영업의 자유에 대한 제한

6. 다음 중에서 죄형법정주의가 근본적으로 요구하는 것은 어느 것인가?

① 사회의 안전과 유지에 있다
② 피해자의 자유와 권리를 보장함에 있다.
③ 개인의 자유와 권리의 보장함에 있다.
④ 범죄의 예방과 방지에 있다.

7. 다음 중에서 법의 개념으로 옳지 않은 것은 어느 것인가?

① 강제규범 ② 존재규범
③ 사회규범 ④ 당위규범

8. 법정기간이 지나면 행정행위의 효력을 다툴 수 없게 된다. 이것을 행정행위의 무엇이라고 하는가?

① 구속력 ② 공정력
③ 불가쟁력 ④ 불가변력

9. 자유권과 사회권(생존권)의 비교로서 가장 부적당한 것은 다음 중 어느 것인가?

① 시민적 자치 국가를 자유권의 이념적 배경으로 본다면, 사회·복지국가는 사회권의 경우로, 이에 대응된다.
② 국가에 대한 개인의 지위가 소극적일 때는 자유권, 적극적일 때는 사회권이다.
③ 자유권 규정은 재판규범이나, 사회권 규정은 부분적으로만 재판규범이다.
④ 자유권에 대한 법률유보는 권리형성적이고, 사회권의 경우는 권리제한적이라 할 수 있다.

10. 다음 중 청원에 대한 설명으로 적절하지 못한 것은 어느 것인가?

① 국가 기관에 대해 의사나 희망을 개진할 수 있는 권리이다.
② 국가는 청원에 대하여 심사할 의무를 진다.
③ 인간의 권리로서 외국인이나 법인에게도 인정된다.
④ 국가 또는 공공단체에 대해 하며 방식에는 제한이 없다.

11. 행정행위의 철회에 관한 다음 설명 중 잘못된 것은 어느 것인가?

　① 철회의 효과는 장래에 향하여서만 발생한다.
　② 철회의 하자 없이 성립한 행위가 사정변경으로 그 행위를 더 이상 존속시킬 수 없는 때 행한다.
　③ 법령에 특별한 규정이 없는 한 철회는 감독청만이 할 수 있다.
　④ 철회되는 행위가 불가변력을 발생하면 철회할 수 없다.

12. 다음 내용 중에서 형성권에 대한 설명으로 옳은 것은?

　① 경제권 이익을 목적으로 하는 권리
　② 타인의 행위를 요구하는 것을 작용으로 하는 권리
　③ 청구권에 대하여 그 청구를 거절하는 작용을 가지는 권리
　④ 권리자의 일방적인 의사 표시로 일정한 법률관계의 변동을 발생시키는 권리

13. 피고인의 의의로 옳은 것은 다음 중 어느 것인가?

　① 검사가 공소를 제기한 자
　② 범죄의 혐의가 있어 수사기관에서 수사 중에 있는 자
　③ 유죄판결을 받아 복역 중인 자
　④ 진범인으로 당사자 능력이 있는 자.

14. 행위능력에 관한 다음 기술 중 옳은 것은 어느 것인가?

　① 파산자는 행위능력을 상실한다.
　② 피성년후견인의 법률행위는 무효이다.
　③ 미성년자가 혼인을 할 때에는 성년자로 취급한다.
　④ 의사능력이 없는 자의 법률행위는 취소할 수 있다.

15. 다음 중 불법행위에 관한 설명으로 옳은 것은 어느 것인가?

① 불법행위자의 고의·과실은 법률상 추정된다.
② 불법행위자에게는 언제나 상계권이 없다.
③ 제3자의 이익보호를 위하여도 정당방위가 성립한다.
④ 피해자의 승낙은 당연히 위법성을 각인한다.

16. 다음 중 경찰권의 한계에 관한 조리상의 원칙이 아닌 것은 어느 것인가?

① 경찰소극목적의 원칙　② 경찰긴급의 원칙
③ 경찰비례의 원칙　　　④ 경찰공공의 원칙

17. 현행법상 형벌의 종류가 아닌 것은 다음 중에서 어느 것인가?

① 자유형　② 생명형
③ 명예형　④ 신체형

18. 국가 및 지방자치단체의 공공의 영조물의 설치·관리상의 하자로 인하여 손해가 발생하였을 때 피해보상은 어느 것인가?

① 고의 및 과실이 없을 때도 배상한다.
② 고의가 있을 때만 배상한다.
③ 과실이 있을 때만 배상한다.
④ 고의나 과실이 있을 때만 배상한다.

19. 수사개시의 단서가 아닌 것은 어느 것인가?

① 고소　　　② 변사자 검시
③ 증거 조사　④ 현행범인의 체포

20. 다음 중 재산권임과 동시에 지배권으로서의 성격을 가지는 것은 어느 것인가?

① 물권과 채권
② 소유권과 형성권
③ 무체재산권과 물권
④ 무체재산권과 친족권

21. 다음은 상호에 관한 설명이다. 옳지 않은 것은 어느 것인가?

① 상호는 양도하지 못한다.
② 회사가 아니면 상호에 회사임을 표시하는 문자를 사용하지 못한다.
③ 회사의 상호에는 그 종류를 명시하여야 한다.
④ 동일한 영업에는 하나의 상호만을 사용할 수 있다.

22. 다음 중 공법상의 계약인 것은 어느 것인가?

① 지방의회의 의결행위
② 공무원의 임명
③ 국유잡종재산의 매각
④ 하천관리를 위한 지방자치단체간의 비용부담 협의

23. 빈칸에 들어갈 적당한 말은 다음 중 어느 것인가?

『형법에는 (   ), 행정법에는 (   ), 민법이나 소송법에는 (   )의 이념이 강하게 작용한다.』

① 정의-법적 안정성-합목적성
② 정의-합목적성-법적 안정성
③ 합목적성-정의-법적 안정성
④ 합목적성-법적 안정성-정의

24. 금고 이상의 형을 받아 그 집행을 종료하거나 면제를 받은 후 3년 내에 금고 이상의 형에 해당하는 죄를 범한 경우를 무엇이라고 하는가?

① 경합범 ② 누범
③ 상상적 경합범 ④ 포괄적 일죄

25. 단체협약의 효과에 관한 다음 설명 중 옳은 것은 어느 것인가?

① 규범적 구분은 집단적 노동관계를 정하는 구분으로 이에 위반하는 노동규약은 무효가 된다.
② 해고 등의 결의 결정 사항에 위반하는 것이 항상 무효가 되는 것은 아니다.
③ 평화 조항에 위반한 쟁의행위는 무효이다.
④ 채무적 부분에 위반한 행위에 대하여 민법의 계약위반 효력을 인정하는 데는 많은 문제가 있다.

해당 외국어

※ 본인이 선택하는 해당 외국어를 표기 후에 번역하시오.
  예) 중국어인 경우   ○영어   ●중국어   ○일어   ○러시아어   ○베트남어
   – 기타인 경우에는 (   )안에 해당 외국어 명을 기재해주시오.

○ 영어   ○ 중국어   ○ 일본어   ○ 러시아어   ○ 태국어   ○ 필리핀어
○ 몽골어   ○ 베트남어 ○ 인도어   ○ 인도네시아어 ○ 카자흐스탄어
○ 프랑스어 ○ 기타 (   )

※ 다음 문장에 대해 해당 외국어로 번역하시오. (1~25 서술형 문제)

1. 귀하의 이름은 무엇인가요?
_____

2. 국적은 어느 나라인가요?
_____

3. 여권은 소지하고 있는가요?
_____

4. 외국인 등록증을 소지하고 있다면 보여 주시기 바랍니다.
_____

5. 가족관계를 말하시오.
_____

6. 현재의 건강상태는 어떤가요?
_____

7. 피의자는 한국어를 잘 하는가요?
_____

8. 통역인을 입회하여 조사하기를 원하는가요?
_____

9. 현재의 건강상태는 어떤가요?[16]
_____

10. 피의자는 현재 다른 수사기관에서 계류 중인 사건이 있는가요?
_____

11. 경찰관의 조사를 받으면서 부당한 대우를 받은 사실이 있는가요?
_____

12. 피의자는 어떤 경위로 체포되었습니까?
_____

---

16 출제 오류(6번 문제와 동일)

13. 피의자는 구속영장청구서에 기재된 범죄사실을 인정합니까?

_____

14. 피의자는 언제까지 한국에 머무를 예정입니까?

_____

15. 피고인, 공소장을 받아보셨지요? 피고인 측은 공소사실에 대한 의견을 밝혀주시기 바랍니다.

_____

16. 증거조사를 시작하겠습니다. 먼저 검찰 측은 증거를 신청하시기 바랍니다.

_____

17. 채택한 증거서류와 증거물에 대한 증거조사를 하겠습니다.

_____

18. 증거조사결과에 대하여 특별한 의견이나 이의가 있습니까?

_____

19. 검사의 공사장 변경에 대하여 의견이 있습니까?

_____

20. 변호인은 최종 변론을 하시기 바랍니다.

21. 피의자는 일체 진술을 하지 않거나 각각의 질문에 대하여 답변을 거부할 수 있고, 피의자에게 유리한 사실을 진술할 수 있습니다. 질문에 대답하지 않을 경우에도 그 사유만으로 불이익을 받지 않습니다.

22. 증인은 증인이 경험한 바를 사실 그대로 말하겠다는 선서를 하여 주시기 바랍니다. 만을 증인이 선서 후 경험하지 않은 사실을 경험한 것처럼 증언하거나 기억이 불분명한데도 기억이 명확한 것처럼 진술하는 등 거짓말을 하면 위증죄로 처벌받을 수 있습니다.

23. "양심에 따라 숨김과 보탬이 없이 사실 그대로 말하고, 만일 거짓말이 있으면 위증의 벌을 받기로 맹서합니다."

24. 피고인이 집행유예 기간 중에 재범을 하여 실형을 선고받아 확정되거나 집행유예 결격사유가 밝혀지면 집행을 유예한 선고형을 복역하게 됩니다.

25. 오늘 협의이혼의사확인이 되는 경우 3개월 이내에 어느 일방이 시청 또는 구청, 읍사무소, 면사무소에 가서 이혼신고를 해야 합니다.

〈해설〉

법학개론

1. 현대복지국가적 의미의 헌법이란, 모든 국민에게 생활의 기본적 수요을 충족시킴으로써 건강하고, 문화적인 생활을 보장하는 것이 국가의 책무인 동시에 그에 대한 요구가 국민의 권리로서 인정된다는 이념을 바탕으로 하는 헌법을 말한다.
현대복지국가적 의미의 헌법은, 실질적 법치주의를 채택하고, 사회적 기본권을 규정하고 있으며, 행정국가의 경향을 보이고 있고, 자유민주적 정당제도를 수용하는 등의 특색을 가지고 있다.

[정답] ③번

2. 기본권의 제한가능성에 따라 '절대적 기본권'과 '상대적 기본권'으로 분류할 수 있다.
절대적 기본권으로는 외부로 표현되지 않고 내심에 머무는 양심의 자유, 종교의 자유 등이 있으며, 그 외의 기본권은 법률유보조항에 따라 국가에 의해 제한 될 수 있는 상대적 기본권에 해당한다.

[정답] ④번

3. 〈법과 도덕의 구별〉

	법	도덕
형성과정	필연성	당위성
강제성	강제성 있음	강제성 없음(비강제성)
판단기준 및 규율대상	외형적 결과(외면성)	내면의 양심(내면성)
규율의 방식	타율성	자율성

[정답] ②번

4. ① 양도담보: 채무자의 채무를 담보하기 위해 담보목적물의 소유권을 대외적으로 채권자에게 양도하는 형식의 비전형담보
② 근저당: 일정기간 증감변동하는 장래의 불특정 채권을 담보하기 위해 설정하는 저당권
③ 공동저당: 동일한 채권을 담보하기 위해 채무자 및 물상보증인의 수개의 부동산에 설정하는 저당권
④ 포괄근저당: 채권자와 채무자 사이에 발생하는 현재 또는 장래의 모든 채권을 하나의 근저당권으로 일괄하여 담보하기 위해 설정하는 저당권

[정답] ③번

5. 원칙적으로 외국인도 인간의 존엄과 가치, 행복추구권, 생명권 등 자연권적 기본권은 인간의 권리로서 주체성이 인정된다.
① 외국인의 자유권적 기본권은 원칙적으로 보장되지만, 거주이전의 자유 중 입국의 자유는 허용되지 않는다.
② 평등권도 인간의 권리로서 외국인에게 인정되지만, 참정권 등에 있어서는 기본권 성질상 제한 및 상호주의에 따른 제한이 있다.
③ 재판청구권은 독립이 보장된 법원에서 헌법과 법률이 정한 법관에 의하여

객관적인 법률에 따라 공정하고 신속한 재판을 받을 권리로서, 내외국인 모두에게 인정된다.
④ 직업선택의 자유, 광업권 등 경제적 기본권에 있어서 외국인은 제한을 받는다.

[정답] ③번

6. 죄형법정주의란 범죄와 형벌은 미리 법률로써 규정해야한다는 원칙으로 국민 개인의 자유와 권리를 보장하기 위한 근대형법의 기본원칙이다.

[정답] ③번

7. 법은 사회질서를 유지하기 위해 구성원의 사회적 합의에 따라 규정된 강제적 규범을 의미하므로, 사회규범, 당위규범, 강제규범이라 할 수 있다.

[정답] ②번

8. ① 구속력: 행정행위가 그 내용에 따라 행정청이나 그 행정행위의 상대방 기타 관계인을 구속하는 효력
② 공정력: 행정행위에 하자가 있더라도, 그것이 중대하고 명백하여 당연무효가 아닌 이상, 기관에 의해 취소될 때까지 일응 유효한 것으로 인정되는 효력
③ 불가쟁력: 행정행위의 효력을 다툴 수 있는 쟁송제기기간이 경과한 경우 그 행정행위의 효력을 더 이상 다툴 수 없게 되는 효력
④ 불가변력: 행정청이 당해 행정행위를 취소 또는 변경할 수 없게 하는 효력

[정답] ③번

9. 〈자유권과 사회권(생존권)의 비교〉

	자유권	사회권(생존권)
성질	전국가적 인간의 권리	실정법상 국민의 권리
이념적 배경	국가로부터의 자유 (시민적 자치 국가)	국가에 의한 자유 (사회 복지 국가)
개인의 지위	소극적, 방어적	적극적
보장 원칙	최소 제한의 원리	최대 보장의 원리
제한 원칙	기본권 제한적 법률유보	기본권 형성적 법률유보

[정답] ④번

10. ① 청원권이란 국민이 국가기관에 대하여 문서로써 청원할 수 있는 권리이다(헌법 제26조)
② 청원서를 제출받은 국가기관은 그것을 수리, 심사할 의무가 있다.
③ 청원권 행사의 주체는 모든 국민 외에 외국인이나 법인도 인정된다.
④ 청원절차의 방식은 반드시 문서로 하여야 한다.

[정답] ④번

11. ①② 행정행위의 철회란 하자 없이 유효하게 성립한 행정행위의 효력을 사후에 생긴 새로운 사유에 의하여 장래를 향하여 소멸시키는 것을 말한다.
③ 행정행위의 철회는 행위자인 행정청만이 할 수 있다.
④ 확정력 또는 이에 준하는 효력을 발생하는 행위는 철회가 허용되지 않는다.

[정답] ③번

12. ① 지배권: 권리의 객체를 직접 지배하고 그 이익을 향수할 수 있는 권리
② 청구권: 타인에 대해 일정한 행위를 요구할 수 있는 권리
③ 항변권: 청구권의 행사에 대해 그 작용을 저지하는 권리
④ 형성권: 일방적 의사표시로 법률관계의 발생, 변경, 소멸 등의 변동을 발생시키는 권리

[정답] ④번

13. ① 피고인: 검사가 공소를 제기하여 형사재판에 회부된 자
② 피의자: 범죄 혐의가 있어 수사기관에서 수사 중에 있는 자
③ 수형자: 형의 집행을 받는 자
④ 형사소송법상 공소제기 후 피고인으로서 소송의 당사자가 될 수 있는 능력을 형사소송법상 당사자 능력이라 하며, 보통 권리능력자가 당사자능력이 있는 것으로 본다.

[정답] ④번

14. ① 파산자는 파산재단에 속하는 재산을 관리, 처분할 권능을 상실할 수 있어도, 파산자의 행위능력이나 소송능력이 제한되지는 않는다.
② 피성년후견인의 법률행위는 취소할 수 있는 법률행위이지, 무효가 아니다.
③ 미성년자가 결혼을 하면 성년으로 보아, 법정대리인의 동의 없이 법률행위를 할 수 있다. 이를 '성년의제'라고 한다.
④ 의사무능력자의 법률행위는 무효이다.

[정답] ③번

15. ① 불법행위가 성립하기 위해서는 고의 또는 과실을 피해자(원고)가 입증해야한다.
    ② 고의의 불법행위가 아닌 과실에 의한 불법행위에 기한 손해배상채권을 수동채권으로 하는 상계는 가능하다.
    ③ 정당방위는 자기 또는 타인의 법익에 대한 현재의 부당한 침해를 방위하기 위한 상당한 이유가 있는 행위에 대하여 성립한다.
    ④ 피해자가 자기 법익에 대한 침해행위를 동의한 경우, 위법성이 조각되지만, 승낙으로 인한 행위가 사회상규에 위배될 경우(생명에 대한 승낙)에는 위법성이 조각되지 않는다.

[정답] ③번

16. 조리상의 한계를 넘은 경찰권의 발동은 언제나 위법한 것으로 해석되며 다음 세 원칙이 있다.
    ① 경찰소극목적의 원칙: 경찰권은 소극적으로 공공의 안전과 질서 유지에 대해 유해한 영향을 미치는 질서위반상태의 예방 또는 제거를 위해 발동되는데 그친다.
    ② 경찰공공의 원칙: 경찰권은 사회공공의 안녕과 질서를 위해서만 발동할 수 있다.
    ③ 경찰비례의 원칙: 경찰권의 발동은 사회공공 질서에 있어 용서할 수 없는 장해의 정도에 비례해야 한다는 원칙

[정답] ②번

17. 형벌에는 생명형, 자유형, 재산형, 명예형이 있다.
    ① 자유형: 신체의 자유를 박탈하는 형벌로, 징역, 금고 등이 있다.
    ② 생명형: 생명을 박탈하는 형벌로, 사형이 있다.
    ③ 명예형: 범죄인의 명예 또는 자격을 박탈하거나 정지하는 것으로, 자격상

실과 자격정지 등이 있다.
④ 재산형: 재산을 박탈하는 형벌로 벌금과 과료, 몰수 등이 있다.
(신체형은 형벌의 종류가 아님, 출제자가 만들어 낸 오답)

[정답] ④번

18. 국가배상법 제5조 영조물의 설치 및 관리상의 하자로 인한 책임은 무과실 책임이다.

[정답] ①번

19. 수사기관은 범죄의 혐의가 있어야 수사를 개시할 수 있는데, 수사가 개시되는 원인을 수사의 단서라고 한다. 예컨대, 현행범이나 변사체의 발견, 고소, 고발, 자수 등이 수사의 단서가 되며, 이로써 수사가 개시된다.
(본 책의 57쪽 참조)
※ 증거조사는 수사단계에서 수집한 증거들을 공판절차에서 조사하는 절차이다.

[정답] ③번

20. 재산권이란, 경제적 가치가 있는 일체의 권리를 말하며, 인격권과 같은 비재산권과 대립되는 개념이다. 민법상의 물권과 채권은 모두 재산권에 해당한다.
지배권이란, 타인의 행위와 관계없이 권리객체를 직접 지배하여 그 이익을 향유할 수 있는 권리이다. 물권과 친권, 인격권 등도 지배권에 해당한다.
위 보기에서 지배권이면서 재산권에 해당하는 권리는 무체재산권과 물권이다.

[정답] ③번

21. 상호란 상인이 영업상 자기를 표시하기 위하여 사용하는 명칭이다.
① 상호는 인격권을 가진 재산권으로, 원칙적으로 영업과 함께 양도할 수 있다.
②③ 상호의 선정은 원칙적으로 자유이나, 거래의 안전보호를 위하여, 회사의 상호 중에는 '회사'라는 문자와 종류를 표시하는 문자를 사용해야 하며, 회사가 아닌 상인의 상호에는 회사임을 표시하는 문자를 사용하지 못한다.(상법 제18조~제20조)
④ 회사의 상호는 1개여야 하며, 개인 상인은 1개의 영업에 1개의 상호를 원칙으로 한다.(상법 제21조)

[정답] ①번

22. 공법상 계약이란, 국가(공공단체)와 사인간의 합의로 공법상의 법률효과 발생을 목적으로 하는 계약을 말하는데, 하천관리를 위한 지방자치단체간의 비용부담 협의가 그 대표적 예에 해당한다.

[정답] ④번

23. 법이 추구하는 법의 목적을 법의 이념이라고 하며, 정의, 합목적성, 법적 안정성 등이 있다.
 - 정의: 각자에게 각자의 몫을 주는 것
 - 합목적성: 국가와 사회가 추구하는 가치에 맞추어 법을 집행해 가는 것
 - 법적 안정성: 법의 규정이 명확하고 잦은 변경이 없도록 하여 국민들이 법에 따라 안심하고 생활할 수 있도록 하는 것
통상적으로 형법에는 정의가, 행정법에는 법적 안정성이, 민법에는 합목적성이 강조된다.

[정답] ①번

24. ① 경합범: 판결이 확정되지 않는 수개의 범죄, 또는 금고 이상의 형에 처한 판결이 확정된 죄와 그 확정판결 전에 범한 죄
② 누범: 금고 이상의 형을 받아 그 집행을 종료하거나 면제를 받은 후 3년 내에 금고 이상에 해당하는 죄를 범한 자(형법 제35조)
③ 상상적 경합범: 1개의 행위가 2개 이상의 죄에 해당하는 경우를 말한다.
④ 포괄적 일죄: 수개의 행위가 포괄하여 1개의 구성요건에 해당하여 일죄를 구성하는 경우

[정답] ②번

25. 단체협약이란 노동조합과 사용자 사이에 체결되는 자치적 노동법규를 말한다. 협약의 내용 중 '근로조건 기타 근로자의 대우'에 관한 기준을 정한 부분을 '규범적 구분(임금, 근로시간, 후생 및 해고 등의 사항)'이라 하며 개별적 근로관계에 대하여 강핵적, 직접적으로 적용되고, 단체협약에 정한 근로조건 기타 근로자의 대우에 관한 기준에 위반하는 취업규칙 또는 근로계약의 부분은 무효이다.
반면, 노동조합과 사용자 사이에 적용될 권리의무 관계를 정한 부분을 '채무적 부분(노동조합의 존속, 유지, 사용자의 시설이용, 조합비 일괄공제 등)'이라 하며 노동조합과 사용자 간에 채권, 채무적 효력이 미치는 부분으로 계약 일반의 효력이 적용되다

[정답] ①번

해당 외국어

※ 다음 문장에 대해 해당 외국어로 번역하시오. (1~25 서술형 문제)

1. Ваши фамилия и имя?

2. Ваше гражданство?

3. Есть ли у вас заграничный паспорт?

4. Если у вас есть регистрационная карта иностранного гражданина, покажите, пожалуйста.

5. Ваше семейное положение? (Каков состав вашей семьи?)

6. Каково текущее состояние вашего здоровья?

7. Вы понимаете по-корейски? (Вы хорошо знаете корейский язык?)

8. Во время допроса вам нужна помощь переводчика?

9. Каково текущее состояние вашего здоровья?

10. Подозреваемый, проходите ли вы сейчас по какому-либо делу, рассматриваемому в других следственных органах?

11. Подвергались ли вы насилию во время допроса?

12. Подозреваемый, при каких обстоятельствах вас арестовали? (По какому делу вы арестованы?)

13. Подозреваемый, признаёте ли вы факт совершения (вами) преступления, который описан в ходатайстве об избрании мерой пресечения заключения под стражу?

14. До какого времени вы намерены находиться в Корее?

15. Обвиняемый, получили ли вы обвинительное заключение? Каково ваше мнение о фактах, изложеных в обвинении? (= Выразите своё отношение к предъявленному обвинению.)

16. Начинаем рассмотрение доказательств. Сторона обвинения, первой подайте ходатайство об истребовании доказательств.

17. Начинаем рассмотрение принятых судом документальных и вещественных доказательств.

18. Имеется ли у вас мнение или возражения по поводу результатов рассмотрения доказательств?

19. Есть ли у вас мнение по поводу внесения изменений в обвинительное заключение?

20. Сторона защиты, изложите своё заключительное заявление.

21. Вы имеете право не давать показания или не отвечать на отдельные вопросы. Вы можете утверждать факты, благоприятные для вас. Если вы откажетесь давать показания, это не будет действовать против вас.

22. Свидетель, поклянитесь говорить правду о событиях, очевидцем который вы были. Если вы изложите факты, которые вы лично не наблюдали, так, как будто вы их наблюдали, или изложите сведения, которые неточно помните, так, как будто вы их ясно помните, и так далее, то есть, если вы дадите ложные показания, вы будете наказаны за лжесвидетельство.

23. Клянусь, что, руководствуясь своей совестью, буду говорить всю правду и ничего кроме правды, а если скажу неправду, то понесу наказание за лжесвидетельство.

24. Если обвиняемый совершит преступление в период отсрочки исполнения приговора и будет приговорен к тюремному заключению, или если обнаружатся обстоятельства, лишающие права на отсрочку, отсроченный приговор будет приведен в исполнение.

25. Если сегодня подтвердится намерение супругов расторгнуть брак по обоюдному согласию, то один из супругов должен в течение 3 месяцев подать заявление о расторжении брака в администрацию города, городского муниципального округа, города уездного подчинения или волости.

제2회 사법통역사 자격시험 문제

| 종목명 | 사법통역사 | 종목코드 | 1001 | 시험시간 | 100분 | 문제지형별 | A 형 |

법학개론

1. 법원에 관한 다음 기술 중 옳은 것은 어느 것인가?
   ① 범인을 처벌할 법이 없을 때에는 조리에 따라 처벌할 수 있다.
   ② 관습법을 적용하여 사람을 처벌할 수 있다.
   ③ 민법 제1조는 관습법에 대하여 제정법에 대한 보충적 효력만을 인정하고 있다.
   ④ 성문법인 민법은 상관습법에 우선하여 적용된다.

2. 우리 헌법이 인간으로서의 존엄과 가치를 규정하고 있는 것은?
   ① 국가의 인권보장의무를 규정한 것이다.
   ② 민족 지상주의적 세계관을 규정한 것이다.
   ③ 개인의 인권남용의 방지를 규정한 것이다.
   ④ 기본권보장에 있어 전체주의적 성격을 강조한 것이다.

3. 사회법에 대한 서술 중 옳지 않은 것은 어느 것인가?

① 실질적인 자유·평등의 실현을 이념으로 한다.
② 19세기적 시민법적 원리를 부정·배제한다.
③ 구체적인 인간다운 생활의 보장을 목적으로 한다.
④ 1919년 Weimar 헌법을 그 효시로 한다.

4. 외국인에 대한 기본권제한으로 인정될 수 없는 것은 어느 것인가?

① 거주의 자유에 대한 제한
② 참정권에 대한 제한
③ 재판청구권에 대한 제한
④ 직업선택과 영업의 자유에 대한 제한

5. 평등권에 위반된다고 해석되는 것은 어느 것인가?

① 여성에게만 생리휴가를 보장하는 것
② 육체노동공무원에게만 노동 운동을 보장하는 것
③ 출산률을 높이기 위해 여성의 혼인퇴직제를 실시하는 것
④ 남성이 원칙적으로 병역의무를 지는 것

6. 속적부심사청구권과 가장 관계가 있는 것은 어느 것인가?

① 보호처분　　　　② 국선변호인
③ 인신보호법　　　④ 불리진술거부권

7. 언론·출판·집회의 자유를 보장하기 위한 이중기준(double standard)의 이론과 직접 관계가 없는 것은 다음 중 어느 것인가?

① 명확성의 이론　　② 법익의 비교형량
③ 사전통제의 금지　④ 일사부재리의 원칙

8. 법정기간이 지나면 행정행위의 효력을 다툴 수 없게 된다. 이것을 행정행위의 무엇이라고 하는가?

   ① 구속력   ② 공정력
   ③ 불가쟁력   ④ 불가변력

9. 「학문의 자유」로 보장받을 수 없는 것은 다음 중 어느 것인가?

   ① 정부의 정책에 대해 비판적인 학설을 취하는 것
   ② 공산국에서 개최되는 학술회의에 참가하는 것
   ③ 강의실에서 교원이 특정 정견을 학생에게 선전하는 것
   ④ 학자가 법원의 판결을 비판하는 것

10. 현행법상 손실보상지급기준은 어느 것인가?

    ① 정당보상   ② 적정보상
    ③ 완전보상   ④ 통상보상

11. 다음 내용 중에서 형성권에 대한 설명으로 옳은 것은 어느 것인가?

    ① 경제권 이익을 목적으로 하는 권리
    ② 타인의 행위를 요구하는 것을 작용으로 하는 권리
    ③ 청구권에 대하여 그 청구를 거절하는 작용을 가지는 권리
    ④ 권리자의 일방적인 의사 표시로 일정한 법률관계의 변동을 발생시키는 권리

12. 의원내각제의 본질은 다음 중 어느 것인가?

    ① 입법부와 행정부의 인사 겸임의 금지
    ② 입법부와 행정부의 공화와 협력
    ③ 의회의 법률안제출권
    ④ 대통령의 거부권

13. 행위능력에 관한 다음 기술 중 옳은 것은 어느 것인가?

① 파산자는 행위능력을 상실한다.
② 피성년 후견인의 법률행위는 무효이다.
③ 미성년자가 혼인을 할 때에는 성년자로 취급한다.
④ 의사능력이 없는 자의 법률행위는 취소할 수 있다.

14. 공법상의 계약인 것은 다음 중 어느 것인가?

① 지방의회의 의결행위
② 공무원의 임명
③ 국유잡종재산의 매각
④ 하천관리를 위한 지방자치단체간의 비용부담 협의

15. 사법에 해당하는 것은 어느 것인가?

① 민법과 상법   ② 민사소송법
③ 교육법   ④ 지방자치법

16. 국제사법의 적용단계에 있어서 가장 먼저 행해져야 할 것은?

① 연결점의 결정   ② 법률관계의 성질 결정
③ 공서법 및 반정법의 심사 ④ 준거법의 결정

17. 원칙적으로 증인신문은 어떤 순서에 의하는 것이 옳은가?

① 재판장, 상대방, 신청한 당사자
② 신청한 당사자, 상대방, 재판장
③ 상대방, 신청한 당사자, 재판장
④ 보충신문, 반대신문, 주신문

18. 금고 이상의 형을 받아 그 집행을 종료하거나 면제를 받은 후 3년 내에 금고 이상의 형에 해당하는 죄를 범한 경우를 무엇이라고 하는가?

① 경합범　　　　　　　② 누 범
③ 상상적 경합범　　　　④ 포괄적 일죄

19. 형법은 다음 사항 중 어느 것에 속하는가?

① 사 법　　　　　　　② 관습법
③ 불문법　　　　　　　④ 공법, 실체법

20. 법적 구속력을 갖지 않은 법해석은 어느 것인가?

① 학리해석　　　　　　② 입법해석
③ 사법해석　　　　　　④ 행정해석

21. 다음은 상호에 관한 설명이다. 옳지 않은 것은 어느 것인가?

① 상호는 양도하지 못한다.
② 동일한 영업에는 하나의 상호만을 사용할 수 있다.
③ 회사의 상호에는 그 종류를 명시하여야 한다.
④ 회사가 아니면 상호에 회사임을 표시하는 문자를 사용하지 못한다.

22. 상법 제24조에서 명의대여자는 자기를 영업주로 오인하여 거래를 한 자에 대하여 그 거래로부터 생긴 책임에 대해 명의차용인과 연대하여 변제책임을 진다고 규정하고 있다. 이와 같은 명의대여자의 책임은 다음 중 어느 법리에 근거를 둔 것인가?

① 외관주의　　　　　　② 공시주의
③ 획일주의　　　　　　④ 엄격책임주의

23. 「주권은 국민에게 있다」에서의 국민의 뜻에 해당하는 것은 다음에서 어느 것인가?

① 이념적 통일체로서의 국민

② 국가기관으로서의 국민

③ 개개의 모든 국민

④ 국민 중에서 일정한 연령에 달한 자

24. 다음에서 선고유예는 몇 년 이하의 징역, 금고, 자격정지를 선고할 경우 할 수 있는가?

① 1년 이내   ② 2년 이내
③ 3년 이내   ④ 4년 이내

25. 입법, 사법, 행정에 관한 다음 설명 중 틀린 것은 어느 것인가?

① 사법은 법률상 쟁송을 전제로 하여 무엇이 법인가를 판단함으로써 법질서를 유지하는 작용이다.

② 입법은 일반적이고 추상적인 법규를 정립하는 작용이다.

③ 사법과 행정은 법 아래에서 법을 집행한다는 점에서 서로 같다.

④ 실질적 의미의 행정과 형식적 의미의 행정은 서로 같다.

해당 외국어

※ 본인이 선택하는 해당 외국어를 표기 후에 번역하시오.
  예) 중국어인 경우 ○영어 ●중국어 ○일어 ○러시아어 ○베트남어
  - 기타인 경우에는 (   )안에 해당 외국어 명을 기재해주시오.

○ 영어   ○ 중국어   ○ 일본어   ○ 러시아어   ○ 태국어   ○ 필리핀어
○ 몽골어   ○ 베트남어   ○ 인도어   ○ 인도네시아어   ○ 카자흐스탄어
○ 프랑스어 ○ 기타 (   )

※ 다음 (   )의 용어를 해당 외국어로 작성하시오. (1 ~ 7번 주관식 문제)

1. (사법) 이란 사인 상호간의 일상생활 관계를 규율하는 법이다.
___

2. 검사에 의하여 형사 책임을 져야 할 자로 공소가 제기된 자 또는 공소가 제기된 자로 취급되어 있는 자를 (피고인) 이라 말한다.
___

3. 공소가 제기 되어 사건이 법원에 계속 된 이후 그 소송 절차가 종결될 때까지의 전 절차, 즉 법원이 사건에 대해 심리, 재판하고 당사자가 변론을 행하는 절차단계를 (공판절차)라고 한다.
___

4. 구속영장의 청구를 받은 판사가 피의자를 직접 신문하여 구속 사유를 판단하는 것을 (영장실질심사)라고 한다.
___

5. (판례법)이란 법원의 재판을 통하여 형성되는 법을 말한다.

_____

6. (진술거부권)은 피의자 또는 피고인이 본인의 의사에 반하여 어떠한 진술도 강요당하지 않을 권리이다. 수사가 진행 중에는 수사기관이 피의자에게, 재판 진행 중에는 재판장이 피고인에게, 진술거부권이 있다는 것을 알려 주어야 한다.

_____

7. (진술서)는 참고인 스스로 자기가 알고 있는 사실을 기재하여 수사기관에 제출한 서류이다.

_____

※ 다음 문장에 대하여 해당 외국어로 번역하시오.(8~25 서술형 문제)
※ 유의 : 번역기의 맞지 않은 어휘 그대로 작성하면 감점처리.

8. 안녕하십니까? 지금부터 서울중앙법원 민사부 재판을 시작하겠습니다.

_____

9. 증인은 이제 오른손을 들고 신문에 대하여 증인이 경험한 바를 사실 그대로 말하겠다는 선서를 하여 주시기 바랍니다.

_____

10. 만일 증인이 선서 후 경험하지 않은 사실을 경험한 것처럼 증언하거나 기억이 불분명한데도 기억이 명확한 것처럼 진술하는 등 거짓을 말하면 위증죄로 처벌받을 수 있습니다.

11. 피의자는 일체 진술을 하지 않거나 각각의 질문에 대하여 답변을 거부할 수 있고, 피의자에게 유리한 사실을 진술할 수 있습니다. 질문에 대답하지 않을 경우에도 그 사유만으로 불이익을 받지 않습니다.

12. 준비되셨으면 시작하겠습니다. 원고 대리인부터 신문해 주십시오.

13. 홍길동씨 본인 맞습니까?

14. 생년월일이 언제인가요?

15. 현재 사는 곳이 어디입니까?

16. 원고 또는 피고는 한국어를 잘하는가요?

17. 통역인을 입회하여 조사하기를 원하는가요?

_____

18. 경찰관의 조사를 받으면서 부당한 대우를 받은 사실이 있는가요?

_____

19. 피의자는 구속영장청구서에 기재된 범죄사실을 인정합니까?

_____

20. 피고인, 공소장을 받아보셨지요? 피고인 측은 공소사실에 대한 의견을 밝혀주시기 바랍니다.

_____

21. 원고 또는 피고의 나머지 청구를 기각한다.

_____

22. 오늘은 증인신문 등 증거조사를 하겠습니다.

_____

23. 피의자가 하고 싶은 말이 있으면 하십시오.

_____

24. 변호인은 최종 변론을 하시기 바랍니다.

_____

25. 오늘 변론을 마치겠습니다. 마지막으로 이 사건에 관해 특별히 하실 말씀 있으신가요?

_____

〈해설〉

법학개론

1. ①② 죄형법정주의 원칙에 따라, 명문 법률로 범죄와 형벌을 규정한 경우에만 처벌할 수 있다.
   ③ '민사에 관하여 법률에 규정이 없으면 관습법에 의하고 관습법이 없으면 조리에 의한다(민법 제1조)'고 규정하여, 우리 민법은 관습법의 보충적 효력을 인정한다.
   ④ '상사에 관하여 본법(상법)에 규정이 없으면, 상관습법에 의하고, 상관습법이 없으면 민법의 규정에 의한다(상법 제1조)'라고 규정하여, 상관습법이 민법에 우선한다.

[정답] ③번

2. 헌법 제10조에서 규정한 인간의 존엄과 가치는 '헌법이념의 핵심'으로 국가는 헌법에 규정된 개별적 기본권을 비롯하여 헌법에 열거되지 아니한 자유와 권리까지도 이를 보장해야하며, 이를 통해 개별 국민이 가지는 인간으로서의 존엄과 가치를 존중하고 확보해야한다는 헌법의 기본원리를 선언한 조항이다(헌법재판소 2004. 10. 28. 2002헌마328 전원재판부).

[정답] ①번

3. ① 사회법은 사회적 약자를 보호하고 실질적 평등을 추구하기 위해 국가의 개입을 규정하고 있다.

② 사회법은 19세기 시민법적 원리를 수정하면서 등장했다.
③ 자본주의가 발달하면서 초래한 사회적 불균형에 대한 실질적 평등 및 개인의 생존보장을 목적으로 한다.
④ 사회법의 생존보장에 대한 사회사상은 바이마르헌법을 효시로 한다.

[정답] ②번

4. 원칙적으로 외국인도 인간의 존엄과 가치, 행복추구권, 생명권 등 자연권적 기본권은 인간의 권리로서 주체성이 인정된다.
① 외국인의 자유권적 기본권은 원칙적으로 보장되지만, 거주이전의 자유 중 입국의 자유는 허용되지 않는다.
② 평등권도 인간의 권리로서 외국인에게 인정되지만, 참정권 등에 있어서는 기본권 성질상 제한 및 상호주의에 따른 제한이 있다.
③ 재판청구권은 독립이 보장된 법원에서 헌법과 법률이 정한 법관에 의하여 객관적인 법률에 따라 공정하고 신속한 재판을 받을 권리로서, 내외국인 모두에게 인정된다.
④ 직업선택의 자유, 광업권 등 경제적 기본권에 있어서 외국인은 제한을 받는다.

[정답] ③번

5. 출산률을 높이기 위해 여성의 혼인퇴직제를 실시하는 것은 평등권을 위반하는 제도이다.

[정답] ③번

6. 체포, 구속된 피의자는 그 체포, 구속이 적법, 타당한지에 대해 법원에 심사를

청구할 수 있는데, 이를 구속적부심사청구권이라 한다. 우리 헌법은 인신구속에 있어서 사전영장주의를 채택하고 있으며, 구속적부심사청구권을 인정하는 것은 영장발부에 대한 재심사를 함으로써 인신 보호에 만전을 기하기 위한 것이다.

[정답] ③번

7. 언론·출판(표현)의 자유와 관련하여, 헌법 제21조 1항은 ① 사전검열(사전제한금지의 원칙)을 절대적으로 금지하고 있다. 다만 사후제한의 원리인 ② 명백, 현존위험의 원칙, ③ 법률유보에 의한 제한(헌법 제37조 2항) 원칙 등에 따라 표현의 자유에 대한 제한을 허용한다.

※일사부재리의 원칙: 이미 심판을 거친 동일한 사건에 대하여는 다시 심판할 수 없다는 원칙

[정답] ④번

8. ① 구속력: 행정행위가 그 내용에 따라 행정청이나 그 행정행위의 상대방 기타 관계인을 구속하는 효력
② 공정력: 행정행위에 하자가 있더라도, 그것이 중대하고 명백하여 당연무효가 아닌 이상, 기관에 의해 취소될 때까지 일응 유효한 것으로 인정되는 효력
③ 불가쟁력: 행정행위의 효력을 다툴 수 있는 쟁송제기기간이 경과한 경우 그 행정행위의 효력을 더 이상 다툴 수 없게 되는 효력
④ 불가변력: 행정청이 당해 행정행위를 취소 또는 변경할 수 없게 하는 효력

[정답] ③번

9. 헌법 제22조 제1항의 학문의 자유는
① 연구의 과제, 방법 등의 자유로운 선택권 및 연구행위 실행의 자유를 의미하는 학문연구의 자유,
② 대학이나 고등교육기관에 종사하는 교육자가 자유로이 교수하거나 강의하는 자유인 교수의 자유,
③ 연구결과를 교수 이외의 형태로 외부에 공표하는 자유인 연구결과 발표의 자유,
④ 집시법의 적용을 배제로 일반적인 결사보다 상대적으로 강한 보호를 받는 학문적 집회, 결사의 자유,
⑤ 연구와 교육이라는 사항은 가능한 대학의 자율에 맡겨야 한다는 대학 자치를 그 내용으로 한다.

[정답] ③번

10. 헌법 제23조는 '공공필요에 의한 재산권의 수용·사용 또는 제한 및 그에 대한 보상은 법률로 하되 정당한 보상을 지급하여야 한다.'라고 규정하여 적법한 국가 또는 공공단체의 행위로 개인의 재산상 권리가 침해된 경우, 그 손실에 대해 보상하도록 하고 있다. 다만 손실보상기준에 관하여서는, 완전보상, 현금보상을 원칙으로 한다.

[정답] ③번

11. ① 지배권: 권리의 객체를 직접 지배하고 그 이익을 향수할 수 있는 권리
② 청구권: 타인에 대해 일정한 행위를 요구할 수 있는 권리
③ 항변권: 청구권의 행사에 대해 그 작용을 저지하는 권리
④ 형성권: 일방적 의사표시로 법률관계의 발생, 변경, 소멸 등의 변동을 발생시키는 권리

[정답] ④번

12. 의원내각제의 본질은 행정부와 입법부의 긴밀한 연계와 권력의 통합이다.

[정답] ②번

13. ① 파산자는 파산재단에 속하는 재산을 관리, 처분할 권능을 상실할 수 있어도, 파산자의 행위능력이나 소송능력이 제한되지는 않는다.
② 피성년후견인의 법률행위는 취소할 수 있는 법률행위이지, 무효가 아니다.
③ 미성년자가 결혼을 하면 성년으로 보아, 법정대리인의 동의 없이 법률행위를 할 수 있다. 이를 '성년의제'라고 한다.
④ 의사무능력자의 법률행위는 무효이다.

[정답] ③번

14. 공법상 계약이란, 국가(공공단체)와 사인간의 합의로 공법상 법률효과 발생을 목적으로 하는 계약을 말하는데, 하천관리를 위한 지방자치단체간의 비용부담 협의가 그 대표적 예에 해당한다.

[정답] ④번

15. 사법이란 개인과 개인 간의 권리의무관계(법률관계)를 규율하는 법으로 민법과 상법이 있다.

[정답] ①번

16. 국제사법은 ① 준거법의 결정, ② 법률관계의 성질 결정, ③ 연결점의 결정, ④ 공서법 및 반정법의 심사 과정을 통해 적용된다.

[정답] ④번

17. 피해자나 목격자 등 제3자를 증인으로 법정에 출석시켜, 경험한 사실에 대해 진술을 듣는 절차를 증인신문이라 말한다. 증인신문은 신청한 당사자가 먼저 신문('주신문'이라 한다)하고, 다음에 상대방 당사자가 신문('반대신문'이라 한다)하며, 마지막으로 재판장이 신문하게 된다. (책 63p 참고)

[정답] ②번

18. ① 경합범: 판결이 확정되지 않는 수개의 범죄, 또는 금고 이상의 형에 처한 판결이 확정된 죄와 그 확정판결 전에 범한 죄
② 누범: 금고 이상의 형을 받아 그 집행을 종료하거나 면제를 받은 후 3년 내에 금고 이상에 해당하는 죄를 범한 자(형법 제35조)
③ 상상적 경합범: 1개의 행위가 2개 이상의 죄에 해당하는 경우를 말한다.
④ 포괄적 일죄: 수개의 행위가 포괄하여 1개의 구성요건에 해당하여 일죄를 구성하는 경우

[정답] ②번

19. 공법은 개인과 국가간의 관계를 규율하는 법으로, 공법에는 헌법과 형법, 행정법 등이 해당하며, 사법은 개인과 개인 간의 권리의무관계를 규율하는 법으로, 민법과 상법이 포함된다.
실체법이란 권리의무의 성질, 내용, 발생, 변경, 소멸 등에 관한 실체적 사항을 규정하는 법으로 민법, 형법, 상법 등이 해당되며, 절차법은 실체법상의

권리 또는 의무를 실행시키기 위한 절차에 관한 법으로, 각종 소송법이 이에 해당한다.

[정답] ④번

20. ① 학리해석: 법학자가 학문적 입장에서 하는 해석으로 학설이라고 일컬어지며, 법적 구속력은 없다.
② 입법해석: 유권해석의 하나로, 입법기관이 법조문 자체에 해석규정을 두어, 법령의 의미와 내용을 밝히는 것을 말한다.
③ 사법해석: 유권해석의 하나로, 대법원을 정점으로 하는 해석을 말하며 구속력이 있다.
④ 행정해석: 유권해석의 하나로, 법령에 대한 질의에 대해 행정청이 내린 해석으로 법적 구속력을 가지지 않는다.

[정답] ①과 ④번

21. 상호란 상인이 영업상 자기를 표시하기 위하여 사용하는 명칭이다.
① 상호는 인격권을 가진 재산권으로, 원칙적으로 영업과 함께 양도할 수 있다.
② 회사의 상호는 1개여야 하며, 개인 상인은 1개의 영업에 1개의 상호를 원칙으로 한다.(상법 제21조)
③④ 상호의 선정은 원칙적으로 자유이나, 거래의 안전보호를 위하여, 회사의 상호 중에는 '회사'라는 문자와 종류를 표시하는 문자를 사용해야 하며, 회사가 아닌 상인의 상호에는 회사임을 표시하는 문자를 상요하지 못한다.(상법 제18조~제20조)

[정답] ①번

22. 상법 제24조에 따르면 타인에게 자기의 성명 또는 상호를 사용하여 영업을 할 것을 허락한 자는 자기를 영업주로 오인하여 거래한 제3자에 대하여 그 타인과 연대하여 변제할 책임이 있는 바, 이는 외관주의 법리에 근거한 책임이다.

[정답] ①번

23. "대한민국의 주권은 국민에게 있고, 모든 권력은 국민으로부터 나온다"라는 헌법 제1조 제2항은 '국가의 주권이 국민에게 있다'는 원칙을 선언한 것으로, 여기에서의 국민은 국민 개개인에게 주권이 있는 것이 아니라 이념적 통일체로서의 국민에게 주권이 있음을 의미한다.

[정답] ①번

24. 선고유예란, 범행이 경미한 범인에 대하여 일정 기간 형의 선고를 유예하고, 그 유예기간을 경과하면 형의 선고를 면하는 제도로, 1년 이하의 징역이나 금고, 자격정지 또는 벌금형을 선고할 경우 할 수 있다.

[정답] ①번

25. - 입법이란, 법규를 정립하는 국가작용으로, 일반적이고, 추상적인 법규를 정립하는 작용이다.
- 사법이란, 입법, 행정에 대해 개개의 구체적 쟁송을 해결하기 위하여 공권적인 법률판단을 하여 법을 적용하는 국가작용을 말한다.
- 행정이란, 법의 규제 아래 국가 목적 또는 공익 실현을 위해 행하는 국가작용을 말한다.

[정답] ④번

해당 외국어

※ 다음 ( )의 용어를 해당 외국어로 작성하시오. (1 ~ 7번 주관식 문제)

1. Частное право — это совокупность норм права, защищающих интересы лица в его взаимоотношениях с другими лицами.

2. Обвиняемый — лицо, в отношении которого ведётся уголовное преследование, с того момента, как обвинение в совершении преступления официально сформулировано в виде документа.

3. Уголовный судебный процесс — это одна из стадий уголовного процесса, на котором суд знакомится с материалами дела, выслушивает мнения сторон, рассматривает доказательства, а также выносит оправдательный или обвинительный приговор.

4. Рассмотрение ходатайства о применении меры пресечения по существу — это допрос подозреваемого, в отношении которого подано ходатайство об избрании мерой пресечения заключения под стражу, и решение об обоснованности заключения подозреваемого под стражу.

5. Прецедентное право — это правовая система, в которой основным источником права признается судебный прецедент.

6. Право на отказ от дачи показаний — это право обвиняемого не давать показания по принуждению. Во время расследования следователь подозреваемому, а во время судебного заседания судья обвиняемому должны сообщить о праве на отказ от дачи показаний.

7. Письменное показание — это документ, оформленный на основании фактов и представляемый в следственный орган свидетелем.

※ 다음 문장에 대하여 해당 외국어로 번역하시오.(8~25 서술형 문제)
※ 유의 : 번역기의 맞지 않은 어휘 그대로 작성하면 감점처리.

8. Здравствуйте. Объявляю открытым судебное заседание коллегии по гражданским делам Суда сеульского центрального округа.

9. Свидетель, поднимите правую руку и поклянитесь, что, отвечая на вопросы, будете говорить только правду, исходя из собственного опыта.

10. Если вы изложите факты, которые вы лично не наблюдали, так, как будто вы их наблюдали, или изложите сведения, которые неточно помните, так, как будто вы их ясно помните, и так далее, то есть если вы дадите ложные показания, вы будете наказаны за лжесвидетельство.

11. Вы имеете право не давать показания или не отвечать на отдельные вопросы. Вы можете утверждать факты, благоприятные для вас. Если вы откажетесь давать показания, это не будет действовать против вас.

12. Свидетель, готовы ли вы? Адвокат со стороны истца, вы можете начать допрос.

13. Вы (фамилия и имя)?

14. Назовите дату вашего рождения.

15. По какому адресу вы проживаете в настоящее время?

16. Вы понимаете по-корейски? (Вы хорошо знаете корейский язык?)

17. Во время допроса вам нужна помощь переводчика?

18. Подвергались ли вы насилию во время допроса?

19. Подозреваемый, признаёте ли вы факт совершения (вами) преступления, который описан в ходатайстве об избрании мерой пресечения заключения под стражу?

20. Обвиняемый, получили ли вы обвинительное заключение? Каково ваше мнение о фактах, изложенных в обвинении? (= Выразите своё отношение к предъявленному обвинению.)

21. Суд отклоняет остальные требования истца или ответчика.

22. Сегодня суд рассмотрит доказательства и проведёт допрос свидетелей.

23. Подозреваемый, есть ли у вас что-либо сказать?

24. Сторона защиты, изложите заключительное заявление.

25. Сегодняшнее заседание подходит к концу. Есть ли у вас что-либо добавить?

제2편

주한 러시아어권 외국인들이 자주 마주하는 생활법률 상담 사례들

I. 민사 상담 사례

1. 임대차 관련 사례 ①
2. 임대차 관련 사례 ②
3. 임대차 관련 사례 ③
4. 중고 자동차 사기 판매
5. 불법행위에 의한 손해배상청구(위자료 청구)
6. 전세계약과 임대차계약의 차이
7. 불공정행위 관련 사례
8. 매도인의 하자담보책임
9. 타인권리매매
10. 원시적 불능
11. 후발적 불능

1. 임대차 관련 사례 ①
Сдача и взятие в аренду (пример 1)

Ситуация	상담사례
Вы знаете, у меня ещё не закончился срок договора аренды, а я хочу съехать с квартиры. Но хозяин квартиры сказал, что до окончания договорного срока съехать нельзя. Если я перееду, я не смогу получить залог, потому что я нарушил срок договора аренды. Подскажите, пожалуйста, как мне можно съехать с квартиры?	임대차 계약기간이 아직 안 끝났는데, 이사를 가고 싶습니다. 하지만 집주인이 계약기간 전에는 이사를 갈 수 없다고 말합니다. 이사를 간다면, 계약기간을 위반하였으니 보증금은 줄 수 없다고 합니다. 저는 계약기간 만료 전에는 이사를 갈 수가 없나요?
Консультация	**자문내용**
По договору, который вы заключили, вы можете съехать с квартиры только по истечении договорного срока. Вместе с тем, съехать раньше срока можно, если вам удастся договориться с арендодателем о расторжении договора аренды.	원칙적으로 계약에 따라 계약서상의 계약기간이 만료된 때에만 이사를 갈 수 있습니다. 하지만 계약기간 만료 전에 계약을 해지하기 위해 임대인과 합의해지를 할 수 있습니다.

Проблема в том, что преждевременное расторжение договора наносит хозяину жилья непредвиденный ущерб. По договору он мог бы получать плату за квартиру в течение 2-х лет, а если вы выезжаете, то для него это ущерб от потери арендной платы.	임대인의 입장에서는 계약에 따라 계약기간인 2년 동안 차임상당액을 받을 것으로 신뢰하였으므로, 임차인이 기간 만료 전에 계약을 해지할 경우 임대인에게 불측의 손해가 발생하게 되기 때문에 합의가 필요합니다.
На практике обычно арендатор платит комиссионные за посредничество и плату за 1 или 2 месяца. Только таким способом можно расторгнуть контракт и вернуть себе залог за квартиру.	실무상 관례적으로, 임차인이 중개수수료와 한 달 또는 두 달 정도의 차임을 지불하고 합의해지를 할 수 있습니다. 합의를 해야만 계약을 해지할 수 있고, 계약을 해지하게 되면 보증금도 돌려 받을 수 있습니다.

Словарь	
러시아어	법률용어
срок договора аренды	임대차 기간
заключить	(계약을) 체결하다
непредвиденный ущерб	불측 손해
арендодатель	임대인
комиссионные за посредничество	중개 수수료
расторгнуть договор	계약 해지하다
залог за квартиру	보증금(건물)
нарушить договорный срок	계약 기간을 위반하다
по договору	계약에 따르면
на практике	실무상
окончание срока контракта	계약 기간 만료
но в том случае если	하지만 ~ 경우에는

срок договора	계약 기간
договариваться	합의하다
посредник, риелтор	중개인
посредничество	중개
посредничать	중개하다
плата за посредничество	중개료
комиссия, комиссионные	수수료
срок	기간
контракт	계약
ущерб	손해
аренда	임대
в принципе	원칙적으로
арендатор	임차인
расторжение договора по соглашению	합의해지
непредвиденный	불측
случаться, происходить	발생하다
обычно, по обычаю	관례적으로
плата за аренду	차임
оплатить	지불하다

2. 임대차 관련 사례 ②
Сдача и взятие в аренду (пример 2)

Ситуация	상담사례
Вы знаете, у меня на съемной квартире протекает стена. Нужно делать ремонт. Кто должен платить за ремонт? Мне самой нужно, или хозяин дома оплатит?	임대한 아파트 벽에 습기가 차고 물기가 찹니다. 수리가 필요한데, 이 수리비용을 임대인인 집주인이 부담해야 하는지, 임차인인 제가 부담해야 하는지 궁금합니다.
Консультация	**자문내용**
По закону хозяин дома обязан обеспечить арендатору надлежащие условия проживания в квартире. Поэтому хозяин обязан заплатить за ремонт крупных повреждений в квартире таких как: повреждение системы отопления, утечка воды, протекание стен или потолка и т. д. Это всё входит в сферу ответственности хозяина.	법률에 따르면 임대인은 임차목적물을 인도하고 임차인이 임차목적물을 사용수익하기에 적합하도록 수선의무를 부담합니다. 따라서 임대인은 지배관리영역에 속하는 부분의 수선 및 수리비용을 부담해야 합니다. 지배관리영역이라 함은 난방, 누수, 수도관과 같은 대규모 수선을 필요로 하는 영역을 말합니다.

(Судебный прецедент показывает, что обеспечение надлежащих условий проживания включает ремонт крупных повреждений, таких как повреждение системы отопления, электропроводки и т. п., и такой ремонт оплачивает арендодатель, но в случае, если требуется небольшой ремонт, например, замена лампы и др., то его арендодатель не обязан оплачивать [Верховный суд, 98ТУ18053]).	(판례는 '임대목적달성에 필요한 범위 내'의 겨울에 보일러 고장, 전기배선 파손 등에 관해서는 임대인이 수선의무를 부담한다고 보았으나, 형광등 교체와 같이 쉽게 수선이 가능한 사소한 부분은 임대인이 수선의무를 부담하지 않는다고 보고 있습니다.(대법 98두18053등))
Поэтому если арендатор оплатил ремонт, он может потребовать от хозяина компенсации. Или, согласно статье 623 Гражданского кодекса, при нарушении арендодателем своих обязанностей арендатор может расторгнуть контракт. В этом случае вы можете съехать с квартиры и получить выплаченный за нее залог.	따라서 임차인이 돈을 들여 수선하게 된다면 임대인에게 그 비용을 청구할 수 있고(필요비 청구) 또는 민법 623조 수선의무 위반에 따라 계약을 해지할 수도 있습니다. 이 경우 임차목적물을 반환하면서 보증금을 돌려받을 수 있습니다.

Словарь	
러시아어	법률용어
договор, контракт	계약
аренда	임대

протекает стена	벽면 누수
ремонт	수리(공사)
платить за ремонт	수리비용을 지불(부담)하다
согласно закону; следуя закону	법률에 따르면
обеспечить (кого-то чем-то)	보장하다(보장해주다)
повреждение	파손(손상, 수리가 필요한 영역)
система отопления	난방
утечка воды, протекание	누수
сфера ответственности хозяина	지배관리영역
требовать	요구하다
расходы на ремонт	수리비용
общая сумма расходов	비용 총액
согласно статье	~조에 따르면
Гражданский кодекс	민법
нарушение обязанностей	의무위반
обязанность	의무
расторгнуть договор/контракт	계약을 해지하다
сырость	습기
влага	물기
арендатор	임차인
объект аренды	임차목적물
арендодатель	임대인
соответствующий, надлежащий	적합한
обязанность провести ремонт	수선의무
водопроводная труба	수도관
большой (крупный) масштаб	대규모
требование, заявление	청구
расторжение	해지
залог	보증금
возвращение	반환

3. 임대차 관련 사례 ③
Сдача и взятие в аренду (пример 3)

Ситуация	상담사례
Арендатор квартиры подписал договор с арендодателем и с этого момента получил установленную дату и встречные права. По истечении договорного срока арендатор хочет продлить договор, но узнаёт, что в течение первоначального договорного срока арендодатель продал квартиру другому человеку. Вначале арендатор хотел подписать договор с новым хозяином, но тот потребовал повышения залога и арендатор передумал продлевать договор. А теперь от кого арендатор должен получить обратно залог за квартиру, от первого арендодателя или от нового хозяина квартиры?	임차인이 임대인과 임대차 계약을 체결하고, 바로 확정일자와 대항력을 취득했습니다. 임대차 계약기간이 만료된 이후, 임차인은 갱신을 원했으나, 첫 번째 임대차 기간존속 중에 임대인이 임차 목적물을 다른 사람에게 매도한 사실을 알게 되었습니다. 처음에는 임차인은 새 집주인과 임대차 계약을 갱신하려고 하였으나, 새 집주인은 보증금을 증액해 줄 것을 요구하였고, 임차인은 보증금을 증액해야 한다면 다른 곳으로 이사하려고 합니다. 이 경우, 임차인은 첫 번째 임대차 보증금을 옛날 임대인과 현재 새로운 집주인 중 누구로부터 반환받아야 하나요?

Консультация	자문내용
После того как был подписан контракт купли-продажи, право собственности на квартиру было передано новому хозяину. При этом новый хозяин квартиры наследует статус арендодателя и принимает на себя долговые обязательства прежнего хозяина. Поэтому обязательство по выдаче залога переходит к новому хозяину квартиры.	아파트에 대한 매매계약이 체결되어, 아파트의 소유권은 새로운 집주인(매수인)에게 이전되었으므로, 새로운 집주인이 임대인의 지위 역시 승계하게 됩니다. 따라서 보증금 반환채무를 면책적으로 채무 인수하게 되므로, 새로운 집주인이 임차인에게 보증금을 반환할 의무가 있습니다.
Значит арендатор должен получить свой залог от нового хозяина.	즉, 임차인은 새로운 집주인에게 임차보증금을 반환받아야 합니다.
Если арендатор не имеет встречных прав, то он может требовать возврата депозита только у бывшего хозяина квартиры.	만약 임차인이 대항력을 가지지 못한 경우에는, 과거 집주인인 양도인에게만 보증금 반환청구를 할 수 있습니다.

Словарь	
러시아어	법률용어
аренда	임대
договор, контракт	계약
арендодатель	임대인
подписать договор	계약을 체결하다
получать	받다(취득하다)
установленная дата	확정일자

встречные права	대항력
окончание срока	계약 만료
продлевать договор	계약을 갱신하다
первоначальный срок (арендного договора)	첫 번째(임대차) 존속기간
повышение залога	보증금 증액
продлевать срок договора	계약 기간을 연장하다
первоначальный залог за аренду квартиры	첫 번째(임대차) 보증금
право собственности	소유권
договор купли-продажи	매매계약
наследовать	승계하다
статус лица	~의 지위
долговые обязательства	채무
обязательство	의무
выдача залога	보증금 반환
арендатор	임차인
продажа	매도
требование	요구
приём	인수

4. 중고 자동차 사기 판매

Мошенничество при продаже подержанных автомобилей

Ситуация	상담사례
Продавец подержанной машины скрыл тот факт, что она побывала в аварии. Покупатель подписал контракт на покупку машины по цене как если бы машина была без аварий.	중고 자동차 판매직원이 사고 차량임을 숨겼고, 구매자는 사고 차량이라는 사실을 모른 채 계약을 체결했습니다.
Но впоследствии покупатель узнал об аварии и отказался платить. Можно ли расторгнуть договор из-за сокрытия факта аварии?	그 후 구매자가 이 사실을 알게 되었고, 대금지불을 거절하였습니다. 구매자는 판매자가 사고 차량임을 설명하지 않았다는 이유로 계약을 해제할 수 있을까요?
Консультация	**자문내용**
Согласно статье 110 Гражданского кодекса, можно отменить волеизъявление из-за сокрытия факта.	민법 110조에 따르면, 사기에 의한 의사표시는 취소할 수 있습니다.

Продавец (1) скрыл факт аварии умышленно и (2) покупатель был умышленно введён заблуждение, (3) что привело к изъявлению желания подписать договор.	매도인은 (1) 고의로 사고차량이라는 사실을 숨겼고, (2) 매수인으로 하여금 착오에 빠뜨렸으며, (3) 그 착오로 인하여 의사표시(계약체결)를 하게끔 하였습니다.
Поэтому покупатель может расторгнуть договор и отказаться платить. Если покупатель уже заплатил, то, согласно статье 741 Гражданского кодекса, он может вернуть деньги после расторжения договора.	따라서 매수인은 계약을 취소할 수 있고, 대금지불을 거절할 수 있습니다. 만약 매수인이 대금을 이미 지불했다면, 계약을 취소한 후 민법 741조에 따라 부당이득반환청구를 할 수 있습니다.

Словарь	
러시아어	법률용어
продавец	판매자, 매도인
подержанная машина	중고 자동차
скрыть факт	사실을 숨기다
факт аварии	사고 사실
покупатель	구매자, 매수인
подписать договор	계약을 체결하다
цена	금액, 값
впоследствии	그 후에 (나중에)
отказаться платить	지불을 거절하다
расторгнуть договор	계약을 해제하다
сокрытие	숨김
согласно Гражданскому кодексу	민법에 따르면
отменить волеизъявление	의사표시를 취소하다
умышленно	고의로

заблуждение	착오
изъявление желания	의사 표현
вернуть деньги	돈을 돌려받다
покупатель	구매자
факт	사실
расторжение (отмена)	해제
отмена	취소
иск о возврате неосновательного обогащения	부당이득반환청구

5. 불법행위에 의한 손해배상청구(위자료 청구)
Компенсация за правонарушение
(иск о возмещении)

Ситуация	상담사례
Я, как обычно, поймала такси до работы. Я это делаю часто и поэтому знаю примерную сумму за проезд. Но в тот день плата за проезд была намного выше обычного. Поэтому я запомнила имя водителя и номер машины и заявила на него в телефонную службу «Тасан», чтобы там разобрались, не было ли со стороны водителя каких-либо махинаций со счётчиком.	저는 회사에 늦는 바람에 여느 때처럼 택시를 탔습니다. 그런데 항상 비슷한 시간대에 출근을 하는데, 오늘따라 택시요금이 1000원 이상이 차이나는 것이 이상했습니다. 저는 택시기사 이름과 차량번호를 기억해두고 내렸다가 다산콜센터에 택시기사분을 미터기 조작 의심으로 민원신고를 했습니다.
Однако в результате расследования подозрения были сняты. В свою очередь водитель подал заявление на получение компенсации в размере 9.000.000 вон морального ущерба в виде психологического стресса, который он получил в результате	하지만 그 결과 무혐의 처분이 났고, 오히려 택시기사는 민원신고로 인한 정신적 스트레스와 극심한 우울증에 시달리게 되어 정신과 치료와 한의원에서 침치료를 받은 것에 대해, 900만원의 손해배상청구를 하였습니다. 저는 어떻게 해야 할까요?

подачи заявления клиентом в телефонную службу «Тасан», и материальных расходов на лечение в психиатрической клинике и прохождение иглотерапии в клинике восточной медицины.	
Консультация	**자문내용**
Согласно статье 750 Гражданского кодекса, для принятия к производству суда заявления о получении компенсации при правонарушении (деликт), должны выполняться следующие условия: ① умышленное или неумышленное действие ② посягательство ③ противоправность ④ возникновение ущерба ⑤ причинная связь между ущербом и посягательством	민법 750조에 따른 불법행위로 인한 손해배상청구가 인정되기 위해서는, ① 고의 또는 과실이 있을 것 ② 가해행위가 있을 것 ③ 위법성이 있을 것 ④ 손해가 발생할 것 ⑤ 손해와 가해행위 사이에 인과관계가 있을 것을 요합니다.
В этом случае истцу нужно доказать, что причиной возникновения морального ущерба стало заявление в центр гражданского ходатайства, а доказать это сложно.	위 사안의 경우에는, 민원신고로 인한 가해행위가 정신적 손해를 발생시켰다는 인과관계 등을 원고(택시기사)가 입증해야 하는데 그 입증이 어렵습니다.

Поэтому на практике случаи подачи заявления о получении денежной компенсации очень редки.	또한 손해배상청구는 현실적으로 발생한 손해에 대해서만 배상을 하는 것인데, 한의원, 병원 치료비 또는 진단서만으로 정신적 손해를 입증하기 어렵습니다.
Поэтому иск в суд получит отказ. Говоря о судебном процессе, так как дело было подано в суд, судья назначит день арбитража, т. е. судья предложит обеим сторонам договориться и решить проблему без судебного процесса. Если результаты арбитража будут отрицательными, процесс будет направлен на первое слушание в суде. В результате иск будет отклонён.	따라서 실무상 위자료 청구를 인용하는 경우는 매우 드뭅니다. 다만 법원에서는 소장이 접수된 이상 조정기일을 형식상 잡아 ("적당히 사과하고 원만하게 해결하세요"라고 권유하는) 조정을 권유합니다. 만약 조정이 성사되지 않으면 본안소송으로 가는데, 가더라도 원고 청구는 기각되기 마련입니다.
Если даже моральный ущерб будет признан, компенсация будет ниже 9 миллионов вон. До этого было похожее судебное дело, в котором компенсация была определена в размере 2300 вон в счёт расходов на лекарства.	설령 만약에 정신적 손해가 인정된다 하더라도 900만원까지 인용되기는 어렵습니다. 과거에 유사 사례가 있었는데, 약값 2300원을 손해배상 해준 사건이 있습니다.

Словарь	
러시아어	법률용어
как обычно	여느(보통) 때와 같이
поймать такси	택시를 잡다

часто	종종
примерная стоимость проезда	대략적인 운임
плата за проезд	택시요금(운임)
намного больше/выше	훨씬 많이
имя	이름
водитель	운전자(택시기사)
номер машины	차량번호
информационно-сервисный телефонный центр «Тасан»	다산콜센터
разбираться	해결하다
подделка суммы	금액 조작
в результате	~한 결과
расследование	조사(심사)
вне подозрений	무혐의(의심을 받지 않는)
наоборот	반대로(오히려)
возмещение ущерба	(손해)배상
размер	금액(크기)
моральный ущерб	정신적 피해(손해)
в виде	~와 같은
психологический стресс	정신적 스트레스
клиент	고객(의뢰인)
материальные расходы	지출
психиатрическая клиника	정신병원
по статье	~조에 따르면
Гражданский кодекс	민법
признание	인정
правонарушение	불법행위(법률위반)
пункт	항목
намерение	고의
неумышленное действие	과실
посягательство	가해행위
противоправность	위법성

возникновение ущерба	손해 발생
причинность	인과관계
доказать	입증하다(증명하다)
истец	원고
сложно	어렵다
на практике	실무상
случай	사건(일)
судебный иск; судебное дело; судебный процесс	소송
суд	법원
получить отказ	거절당하다
судебная процедура	재판 절차
дело	사건
день арбитража	조정기일
предложить	권유하다
проблема	문제
отрицательный	좋지 않은(부정적인)
первое слушание	본안소송
отклонить	기각하다
лекарство	의약(약품)
счётчик (в такси)	미터기
случай	사안
диагноз	진단서
возмещение	배상
компенсация	위자료
исковое заявление	소장
ссылаться (приводить (данные))	인용하다
формально	형식상
выполнение (достижение)	성사

6. 전세계약과 임대차계약의 차이
Различные виды аренды

Ситуация	상담사례
Я въехал в жилье, заключив арендный договор, и обнаружил, что кран в ванной не работает. Я попросил у хозяина дома отремонтировать кран, но хозяин отказал, потому что в случае заключения арендного договора с уплатой залога за весь срок проживания (договора «чонсе»), арендатор должен сам устранить неполадки в квартире. Действительно ли арендатор должен оплачивать ремонт?	반전세계약을 체결하여 집에 이사를 왔는데, 욕실을 살펴보니 수도가 고장 났습니다. 집주인에게 수리를 요청했지만, 집주인은 전세계약인 경우에는 전세권자가 수리해야 한다고 주장합니다. 임차인이 수리비용을 내야 하는 것이 맞나요?
Консультация	**자문내용**
В Корее существует два вида договоров.	한국에는 두 가지의 계약 종류가 있습니다. 전세계약과 임대차 계약입니다.

Во-первых, это аренда «чонсе» с уплатой залога за весь срок проживания, при этом залог возвращается полностью по истечении срока аренды. Залог составляет около 60–70% от стоимости жилья.	첫 번째는 전세계약으로, 전세계약은 아파트를 임대하는 전체 기간동안에 매매가의 60–70%에 해당하는 전세금을 지급하고, 전세목적물을 사용수익하는 계약입니다.
Второй контракт — это аренда жилья с помесячной выплатой, как в России.	두 번째는 임대차계약으로, 임대차계약은 매월 차임을 지급하고 임차목적물을 사용수익할 수 있게 하는 계약으로, 러시아의 임대차계약과 동일합니다.
Разница между двумя видами договоров заключается в наличии регистрации в регистрационном журнале (в органе местной администрации). Т. е., если осуществлена регистрация в регистрационном журнале, арендатор имеет вещное право, и договор представляет собой арендный договор «чонсе». Если не осуществлена регистрация, то арендатор имеет право кредитора, и договор представляет собой договор аренды жилья с помесячной выплатой.	이 두 계약의 구별 방법은 전세등기의 유무입니다. 즉, 전세등기를 하였다면 전세권자는 물권을 가지며, 이는 곧 전세계약을 의미합니다. 만약 등기를 하지 않았다면 임차인은 채권으로서의 임차권을 가지며, 이는 곧 임대차계약을 의미합니다.

В случае заключения договора «чонсе» арендатор обязан отремонтировать неполадки в квартире за свой счёт, и наоборот, в случае заключения договора с помесячной выплатой затраты на ремонт несёт арендодатель.	전세계약인 경우에는 전세권자가 전세목적물을 수선해야 할 의무가 있지만, 임대차계약인 경우에는 임대인인 집주인이 사용수익에 필요한 수선의무를 부담하게 됩니다.
При арендном договоре «пан-джонсе» («полу-чонсе») возникают такие же правовые отношения, как и при любом другом договоре аренды, но не устанавливается вещное право. Следовательно, в данной ситуации арендодатель должен оплатить за ремонт.	반전세와 같은 경우는, 전세권을 설정하지 않은 채권적 전세로서 임대차와 동일한 법률관계가 발생합니다. 따라서 사안에서는 임대인인 집주인이 수리비용을 부담해야 합니다.

Словарь	
러시아어	법률용어
жильё	집
арендный договор	임대차 계야
обнаружить	발견하다
ремонтировать	수리하다
отказать	거절하다
случай	사안
уплата	지불
залог	보증금
срок	기간
проживание	거주
арендатор	임차인
неполадки	결점(흠)

вид	종류
истечение срока	기간만료
полностью	완전히(전부)
депозит	계약금
стоимость	가격
помесячная выплата	매월 차임
различие	구별
наличие и отсутствие	유무
регистрация	등기
вещное право	물권
кредитор	채권자
отсутствие	~가 없는 것
запись	기록
«Панджонсе», арендный контракт с помесячной оплатой и залогом	반전세
арендный договор с уплатой залога за весь срок проживания	전세
требование (просьба)	요청
«чонсегвон», право на зарегистрированный арендный договор на основе депозита	전세권
расходы на ремонт	수리 비용
цена (сумма) в договоре купли-продажи	매매가
обязанность провести ремонт	수선 의무

7. 불공정행위 관련 사례
Пример несправедливого юридического действия

Ситуация	상담사례
Лицо А в возрасте 80 лет, необразованное и неграмотное, имеет недвижимость стоимостью в 100.000.000 вон. Лицо Б, зная об этих обстоятельствах, использовало их при заключении сделки купли-продажи недвижимости, приобретя недвижимость по цене 10.000.000 вон. Может ли лицо А расторгнуть сделку купли-продажи.	갑은 80세의 무학문맹의 노인이지만 1억 상당의 부동산을 소유하고 있습니다. 을은 이러한 사실을 알고 토지를 싼 가격(1천만원)에 매입할 의도로 그를 이용하여 계약을 체결했습니다. 갑은 부동산 매매계약을 취소할 수 있나요?
Консультация	**자문내용**
Согласно статье 104 ГК «Несправедливый правовой акт», правовой акт, совершённый с использованием малообеспеченности, неосторожности (необдуманности), или неопытности одной из сторон, признаётся недействительным (не имеющим юридической силы).	민법 104조 〈불공정한 법률행위〉에 따르면, 당사자의 궁박, 경솔 또는 무경험으로 인하여 현저하게 공정을 잃은 법률행위는 무효로 한다고 규정하고 있습니다.

Для того чтобы юридическое действие подпадало под эту статью, должны выполняться три следующих условия: 1. несоразмерность получаемого и предоставляемого вознаграждения; 2. малообеспеченность, неосторожность (необдуманность) или неопытность; 3. Использование другого лица в корыстных целях.	104조가 적용되기 위해서는 다음 3가지 요건을 갖추어야 합니다. 1. 급부와 반대급부 사이에 현저한 불균형이 있을 것 2. 당사자의 궁박, 경솔 또는 무경험 3. 폭리자의 폭리의사
В соответствии с этим сделка по купле-продаже недвижимости признаётся недействительной, так как лицо Б воспользовалось неграмотностью 80-летнего пожилого человека для покупки недвижимости по заниженной цене.	따라서 사안의 경우, 을은 노인 갑이 무학문맹의 80세 노인이라는 점을 이용하여 토지를 싼 가격에 매입할 의도로 계약을 체결했으므로, 피해자의 궁박 상태를 이용하였다고 인정할 수 있습니다.
Лицо, утверждающее недействительность сделки, должно обязательно доказать наличие всех трёх условий.	위 요건에 대한 증명책임은 그 무효를 주장하는 갑에게 있습니다.

Словарь	
러시아어	법률용어
«чонсегвон», право на зарегистрированный арендный договор на основе депозита	전세권
несправедливое обогащение	부당이득

возраст	나이
необразованность и неграмотность	무학문맹
недвижимость	부동산
неспособность	무능
заключение сделки купли-продажи	매매계약 체결
цена	금액, 값
расторгнуть	해제하다
согласно статье	~조에 따르면
юридическое действие	법률행위
невнимательность	부주의
необдуманность	무분별
малообеспеченность; невнимательность, легкомысленность, опрометчивость	궁박, 경솔
недействительный	무효한
юридическая сила	법적 효력
подпадать	해당하다
условие	조건
несоразмерность	불균형
корыстный	이익을 목적으로 하는
пожилой человек	노인
собственность	소유
земельный участок	토지
стоимость	가격
покупка	매입
намерение (замысел)	의도
продажа и покупка	매매
случай	사안
бремя доказывания (доказательства)	증명책임
настояние (утверждение)	주장

8. 매도인의 하자담보책임
Гарантийная ответственность

Ситуация	상담사례
После покупки квартиры покупатель переехал в нее и обнаружил, что водопровод неисправен. При осмотре квартиры о данной проблеме было умолчано и факт неисправности не был обнаружен. Договор был подписан и оплачен в полном объеме, и после переезда нового владельца неисправность сразу была обнаружена.	아파트를 구매한 후 매수인이 아파트를 인도받았고, 이사하는 날 수도관이 고장난 사실을 알게 되었습니다. 매매목적물을 보러갔을 때에는 이 문제에 대해서 매도인이 아무 설명을 하지 않았었고, 이런 하자가 있다는 사실도 알지 못했습니다. 결국 계약을 체결하고 잔금까지 다 치르고 아파트를 인도받는 날에서야 아파트에 하자가 있음을 알게 된 것이지요.
Покупатель предъявил претензию продавцу и потребовал возмещения затрат на ремонт водопроводной трубы. Продавец отказался оплатить затраты на ремонт, ссылаясь на то, что с момента подписания контракта и полной оплаты за недвижимость покупатель вступает во владение недвижимостью и несет полную ответственность за её содержание и ремонт.	매수인은 매도인에게 수도관에 대한 수리비용을 달라고 요구했습니다. 하지만 매도인은 잔금지급이 완료되었고, 목적물이 인도된 이상 이미 소유자는 매수인이 되었으므로, 수도관 수리에 대한 비용 지불은 매수인의 책임이라고 하며 비용 지불을 거절하고 있습니다. 어떻게 해야 하나요?

Консультация	자문내용
Существует два возможных способа решения этой проблемы. 1. Согласно статье 390 ГК, данный случай можно отнести к несовершенному выполнению обязательств, что является одной из форм невыполнения обязательств. В этом случае расторгнуть договор невозможно, если очевидна возможность достижения цели сделки. При этом покупатель имеет право требовать от продавца компенсацию за устранение дефекта. В случае же невозможности достижения цели сделки, т.е. невозможности выполнения обязательств, покупатель имеет право расторгнуть договор.	이 문제를 해결하기 위해서 법리적으로 2가지를 검토해 볼 수 있습니다. 1. 민법 390조에 따라 채무불이행의 유형 중 불완전이행에 해당할 수 있습니다. 이 경우 매수인은 계약 목적을 달성하지 못할 중대한 정도가 아닌 한, 계약은 해제할 수 없고, 다만 손해배상을 청구할 수 있습니다. 하지만 계약 목적을 달성할 수 없는 경우에는 이행불능으로 보아 계약을 해제할 수 있습니다.

2. Согласно статье 580 Гражданского кодекса, в том случае, если объект купли-продажи имеет дефект и если покупателю при покупке неизвестно о наличии дефекта, и также цель сделки не достигнута, покупатель имеет право расторгнуть договор или требовать от продавца полной материальной компенсации за устранение дефекта.

2. 민법 580조에 따르면, 매매의 목적물에 하자가 있는 경우에, 매수인이 이를 알지 못한 때에는 이로 인하여 계약의 목적을 달성할 수 없는 경우에 한하여 매수인은 계약을 해제할 수 있다. 기타의 경우에는 손해배상을 청구할 수 있다고 규정하고 있습니다.

Словарь	
러시아어	법률용어
покупатель	구매자(매수인)
водопровод	수도관
неисправный	고장난(파손된)
при осмотре	둘러보면서(확인하면서)
неисправность	고장(파손)
договор	계약
подписать	서명(체결)하다
владелец	소유자
предъявлять	제기하다
претензия	청구
продавец	판매자(매도인)
потребовать	요구하다

возмещение	배상
затраты	지출
отказать	거절하다
недвижимость	부동산
ответственность	책임
способ решения	해결방법
статья	~조, 조항
компенсация	배상
дефект	결점(흠)
расторгнуть	해제하다
устранение	제거
покупка	구매
передача	인도
объект (предмет) купли-продажи	매매목적물
объяснение	설명
часть денег	잔금
мошенничество	사기
цель сделки (договора)	계약목적
невыполнение обязательств	채무불이행
обязательственное право	채권법
должник	채무자
кредитор	채권자

9. 타인권리매매
Продажа и покупка права другого лица

Ситуация	상담사례
Лицо А заключило договор купли-продажи здания с лицом Б 1 декабря. Согласно договору, лицо Б обязуется оплатить полную сумму стоимости здания 30 декабря, а лицо А — передать все документы, подтверждающие собственность на недвижимость. На момент подписания договора 1 декабря здание являлось собственностью лица В (третьего лица). Является ли договор действительным?	갑은 을과 12월 1일에 건물 매매계약을 체결했습니다. 계약에 따르면, 12월 30일에 매수인 을은 건물에 대한 잔금을 지불하고, 매도인 갑은 소유권 이전에 필요한 서류를 교부하기로 했습니다. 그러나 계약 체결 당시인 12월 1일에 건물은 병(제3자)의 소유였습니다. 이 계약은 유효한가요?
Консультация	**자문내용**
Такая юридическая сделка, как подписание лицом А и лицом Б договора купли-продажи недвижимости, оказавшейся собственностью лица В, называется продажей и покупкой права другого лица.	갑과 을이 부동산 매매계약을 체결한 후, 부동산이 타인인 병의 소유로 밝혀진 경우, 이를 타인권리매매라고 합니다.

Несмотря на то, что речь идет о собственности другого лица, договор купли-продажи недвижимости является действительным. Следовательно лицо А имеет обязанность получить недвижимость от лица В и передать в собственность лицу Б.	다른 사람의 소유라 하더라도 타인권리 매매계약은 유효합니다. 매도인인 갑이 채무이행 기일까지 제3자인 병으로부터 소유권을 이전받고, 채무이행 기일에 다시 매수인 을에게 소유권을 이전시킬 수 있기 때문입니다.
Если же лицо А не может получить недвижимость от лица В и передать в собственность лицу Б, то как следует поступить?	하지만 매도인 갑이 제3자인 병으로부터 소유권을 이전받지 못하여, 매수인 을에게 소유권을 최종적으로 이전하지 못한다면, 매수인인 을의 입장에서는 어떻게 해야 할까요?
Во-первых, согласно статье 390 ГК, при «невыполнении обязательств (неспособности выполнения обязательств)» можно расторгнуть договор купли-продажи и, согласно статье 741 ГК, вернуть первоначальный взнос (задаток) и последующие взносы, если таковые были сделаны.	첫째로, 민법 390조 채무불이행에 따라 계약을 해제할 수 있습니다. 계약을 해제하면, 계약금과 중도금을 기지급한 경우, 민법 741조에 따라 부당이득반환청구를 하여 이 금액을 돌려받을 수 있습니다.
Во-вторых, согласно статье 571 ГК, независимо от осведомлённости или неосведомлённости покупателя он может расторгнуть контракт, а также — только в случае неосведомлённости — потребовать компенсацию.	둘째로, 민법 571조 담보책임에 따라, 타인권리매매에 대한 매수인의 선악을 불문하고 계약을 해제할 수 있고, 만약 매수인이 타인권리매매라는 사실에 대해 선의의 경우에는 손해배상금도 청구할 수 있습니다.

Словарь	
러시아어	법률용어
заключить договор купли-продажи	매매계약을 체결하다
здание	건물
прийти к (мировому) соглашению	합의를 보다
сумма (денежная)	금액
собственность	소유
подписание	서명(체결)
действительный	유효한
продажа и покупка права другого лица	타인권리매매
согласно статье	～조에 따르면
расторгнуть	해제하다
задаток, первоначальный взнос/платёж	계약금
последующий (промежуточный) взнос/платёж	중도금
независимо	～에 관계 없이
осведомление	통보
компенсация	배상
покупатель	구매자(매수인)
часть денег	잔금
продавец	판매자(매도인)
оплата	지불
вручение (выдача)	교부
право другого лица	타인권리
расторгнуть контракт	계약을 해제하다
независимо от	～불문하고

10. 원시적 불능

Изначальная невозможность исполнения обязательств

Ситуация	상담사례
Лицо А заключило договор купли-продажи здания с лицом Б 1 декабря. Согласно договору, лицо Б обязалось выплатить полную сумму стоимости здания 30 декабря, а лицо А передать все документы, подтверждающие собственность на недвижимость. За один день до подписания договора в результате пожара здание было повреждено. Действителен ли договор купли-продажи повреждённой недвижимости? И может ли покупатель получить компенсацию?	갑은 을과 12월 1일에 건물 매매계약을 체결했습니다. 계약에 따르면, 12월 30일에 매수인 을은 건물에 대한 잔금을 지불하고, 매도인 갑은 소유권이전에 필요한 서류를 교부하기로 했습니다. 하지만 계약 체결 하루 전에 화재로 인하여 건물이 소실되었습니다. 소실된 건물에 대한 매매계약은 유효한가요? 이 경우 매수인은 손해에 대한 배상을 받을 수 있을까요?
Консультация	**자문내용**
Данный договор является договором изначальной невозможности исполнения.	위와 같은 계약은 원시적 불능인 계약입니다.

Это значит, что этот договор изначально недействителен.	즉, 이러한 계약은 처음부터 무효입니다.
Несмотря на то, что покупатель не внёс задаток и плату за недвижимость, согласно статье 535 ГК, он может требовать компенсацию в случае возникновения затрат при осмотре недвижимости (дорожно-транспортные расходы, плата за потерянный рабочий день). Это называется «отрицательным контрактным интересом», или дословно по-корейски — «процентом за доверие».	매수인이 계약금이나 부동산에 대한 매매대금을 지불하지 않은 상태라 하더라도, 매수인에게 계약체결을 위한 비용(계약 목적물을 확인하기 위한 교통경비, 일실수익 등)이 발생하였다면, 계약체결상의 과실책임에 대한 민법 535조(계약체결상의 과실책임)에 따라 매수인은 손해배상금을 청구할 수 있습니다. 이를 신뢰이익에 대한 손해배상이라고 합니다.

Словарь	
러시아어	법률용어
заключить договор купли-продажи	매매계약을 체결하다
собственность	소유
недвижимость	부동산
подписание	서명(체결)
в результате	~의 결과
пожар	화재
повреждать	~에 손해를 입히다
компенсация	배상
контракт изначальной невозможности исполнения	원시적 불능인 계약
покупатель	구매자(매수인)
денежная сумма (в договоре) купли-продажи	매매대금

сумма	금액
согласно статье	~조에 따르면
возникновение	발생
затраты, расходы	소비(지출)
дорожно-транспортный	교통의
потерянная прибыль	일실수익
продавец	판매자(매도인)
право собственности	소유권
вручение (выдача)	교부
доверие	신뢰
возмещение ущерба	손해배상

11. 후발적 불능

Последующая невозможность исполнения обязательств

Ситуация	상담사례
Лицо А заключило договор купли-продажи здания с лицом Б 1 декабря. Согласно договору, лицо Б обязалось выплатить полную сумму стоимости здания 30 декабря, а лицо А — передать все документы, подтверждающие собственность на недвижимость. После подписания договора, но до выплаты договорной суммы за недвижимость в результате пожара по вине продавца здание было повреждено. Действителен ли контракт купли-продажи повреждённой недвижимости? И может ли покупатель получить компенсацию?	갑은 을과 12월 1일에 건물매매계약을 체결했습니다. 계약에 따르면, 12월 30일에 매수인 을은 건물에 대한 잔금을 지불하고, 매도인 갑은 소유권 이전에 필요한 서류를 교부하기로 했습니다. 계약체결 후 부동산에 잔금을 치르기 전에, 매도인의 과실로 화재가 발생하여 건물이 소실되었습니다. 소실된 건물에 대한 매매계약은 유효한가요? 이 경우 매수인은 손해에 대해 배상받을 수 있을까요?

Консультация	자문내용
Этот договор является договором последующей невозможности исполнения. Согласно статье 390 ГК, при «невыполнении обязательств (неспособности выполнения обязательств)» можно расторгнуть договор купли-продажи и, согласно статье 741 ГК, вернуть первоначальный взнос и последующие взносы, если таковые были сделаны.	이 계약은 후발적 불능이 된 계약입니다. 민법 390조 채무불이행에 따라, 매수인은 계약을 해제하고(민법 546조), 계약금과 중도금을 지불했다면, 민법 741조에 따라 이 금액에 대해 부당이득반환청구를 할 수 있습니다.

Словарь	
러시아어	법률용어
заключить договор купли-продажи	매매계약 체결
собственность	소유
недвижимость	부동산
подписание	서명(체결)
пожар	화재
по вине	~의 잘못으로
продавец	판매자
повреждение	소실(파손)
действительный	유효한
компенсация	배상
договор последующей невозможности исполнения	후발적 불능 계약
согласно статье	~조에 따르면
обязательство	의무
расторгнуть	해제하다
задаток, первоначальный взнос/платёж	계약금

последующий (промежуточный) взнос/платёж	중도금
покупатель	매수인
продавец	매도인
право собственности	소유권
вручение (выдача)	교부
часть денег	잔금
иск о возврате неосновательного обогащения	부당이득반환청구

II. 형사 상담 사례

1. 카카오톡 명예훼손 사건
2. 모욕죄와 명예훼손죄의 구별
3. 쌍방폭행
4. 스토킹
5. 교통사고 후 보험처리 사례
6. 성추행 사건
7. 협박죄
8. 사기죄 ①
9. 사기죄 ②
10. 점유이탈물횡령죄와 절도죄의 구별
11. 주거침입죄

1. 카카오톡 명예훼손 사건

Распространение сведений, порочащих имя
(честь и достоинство)

Ситуация	상담사례
Человек, который меня ревнует, распространяет неприятные слухи обо мне среди других людей в чате Kakao Talk. Могу ли я привлечь его за это к ответственности?	저를 시기하는 사람이 저에 대한 안 좋은 소문을 다른 사람들이 함께 있는 카카오톡 채팅방에 이야기했다고 합니다. 그 사람에 대해 법적 책임을 물을 수 있나요?
Консультация	**자문내용**
Действия человека, который публично распространил факты о другом человеке, правдивые или ложные, в результате чего имя другого человека было опорочено, расцениваются как распространение сведений, порочащих имя.	형법상 진실 혹은 허위의 사실을 공연히 적시하여 사람의 명예를 훼손한 자는 명예훼손죄에 해당합니다.

Чтобы возник состав преступления по статье «распространение сведений, порочащих имя (честь и достоинство)», должны выполняться следующие условия. Во-первых, публичное распространение сведений, во-вторых, конкретизация сведений (называние конкретных имён). Распространение фактов о другом человеке в общем чате мессенджера или KakaoTalk влечёт за собой дальнейшее распространение сведений, и поэтому в данном случае есть возможность признания распространения публичным.	명예훼손죄의 구성요건을 충족하기 위해서는 다음의 구성요건에 해당해야 합니다. 첫 번째로 공연성, 두 번째로 특정성이 문제되는데, 카카오톡이나 메신저 단체방에서의 사실 적시도, 전파 가능성이 있을 수 있기 때문에 공연성이 인정될 수 있습니다.
Поэтому вам нужно предъявить доказательства, например изображение диалога в Kakao Talk.	두 요건을 입증하기 위해 해당 카카오톡의 대화 내용을 캡쳐하여 증거로 제출할 수 있어야 합니다.

Словарь	
러시아어	법률용어
ревность	시기
зависть	질투
ответственность	책임
Уголовный кодекс	형법
правда	진실
ложь	허위
публично	공연히

замечание	적시
честь	명예
дискредитация	훼손
порочение чести	명예훼손
состав (преступления)	구성요건
публичность	공연성
конкретизированность	특정성
доказательство	증거
предъявлять	제출하다

2. 모욕죄와 명예훼손죄의 구별
Разница между оскорблением и распространением сведений, порочащих имя (честь и достоинство)

Определение	정의
«**Распространение сведений, порочащих имя (честь и достоинство)**» Распространение сведений, порочащих имя (честь и достоинство) — это публичное разглашение фактов о другом человеке, истинных или ложных, в результате чего имя другого человека было опорочено. За него возможно привлечение к ответственности.	〈명예훼손죄〉 명예훼손죄는 공연히 사실 또는 허위의 사실을 적시하여 사람의 명예를 훼손함으로써 성립하는 범죄입니다.
«**Оскорбление**» Оскорбления — это публичные высказывания о другом человеке в неприличной форме.	〈모욕죄〉 모욕죄는 공연히 사람을 모욕함으로써 성립하는 범죄입니다.

Сходство и отличие	공통점과 차이점
Сходство Общие черты двух преступлений — это публичность и конкретизация.	〈공통점〉 명예훼손죄와 모욕죄의 공통점은 공연성과 특정성이 요구된다는 점입니다.
Отличие Разница заключается в том, что распространение сведений, порочащих имя (честь и достоинство) — это разглашение конкретных фактов, а оскорбление — это использование оскорбительных выражений (ругательств, нецензурной брани).	〈차이점〉 명예훼손죄는 구체적인 사실에 대한 적시가 있어야 하지만, 모욕죄는 사실이 아닌 모욕적인 언사가 있어야 합니다.
Примеры Например, если сказать на улице в адрес другого человека «Ты бывший осуждённый и опять украл!», то это «распространение сведений, порочащих имя (честь и достоинство)». А если сказать «Ты [нецензурное выражение]!», то это «оскорбление».	〈예시〉 예를 들어, 길거리에서 상대방이 "너는 전과자이면서, 또 물건을 훔쳤어" 라고 말한다면, 명예훼손죄에 해당한다. 하지만, "이 시발새끼야!" 라고 말했다면, 단순히 모욕죄에 해당합니다.

Словарь	
러시아어	법률용어
порочение чести	명예훼손
публично	공연히

факт	사실
ложь	허위
указывать на что-либо (здесь = разглашать)	적시하다
образовываться, возникать, квалифицироваться как, являться	성립되다
преступление	범죄
оскорбление	모욕
открытость	공연성
конкретизированность	특정성
требование	요구
подробный	구체적인
оскорбительный	모욕적인
речь (слово)	언사
ругательство	욕설
бывший осуждённый	전과자
воровать (красть)	훔치다

3. 쌍방폭행
Взаимное нанесение побоев

Ситуация	상담사례
В состоянии алкогольного опьянения А ненамеренно наступил на ногу Б. Б, который тоже был пьян, не в состоянии справиться своими эмоциями неожиданно ударил А. Разозлившись, А ударил Б в ответ. Во время драки Б упал и сильно поранил голову. Б вызвал полицию и заявил на А о насилии. Как А может защититься?	갑은 술에 만취한 상태에서 을의 다리를 실수로 밟았습니다. 을 역시 술에 취해 감정을 조절하기 어려운 상태였고, 발을 밟은 갑을 갑자기 때렸습니다. 이에 화가 난 갑도 을에게 반격을 하였습니다. 주먹다짐을 하다가 을이 넘어지면서 머리를 부딪혔습니다. 을은 경찰을 불렀고, 갑에 대하여 폭행죄로 고소하였습니다. 갑은 어떻게 대응해야 하나요?
Консультация	**자문내용**
Так как в драке участвовали обе стороны, их действия не могут быть квалифицированы как необходимая самооборона. Поэтому действия А подпадают под определение физического насилия или нанесения телесных повреждений. Действия Б также	갑과 을 모두 쌍방폭행을 하였기 때문에 정당방위는 성립할 수 없습니다. 따라서 갑은 폭행죄 또는 상해죄에 해당합니다. 을 역시 폭행죄의 적용을 받습니다. 따라서 갑은 을에 대해 맞고소를 할 수 있습니다.

подпадают под определение насилия, следовательно А может подать встречное исковое заявление.	
Но если подать иск в суд, это займёт много времени и возникнут денежные расходы, что будет мешать повседневной жизни. Поэтому адвокаты в качестве наилучшего решения советуют заключить соглашение между сторонами.	하지만 소송으로 이어질 경우, 많은 시간과 경제적 비용이 들게 됩니다. 소송은 당신의 일과 삶을 피폐하게 만들 것입니다. 따라서 변호사들은 당사자 간에 합의할 것을 조언하는 바입니다. 쌍방폭행에서 쌍방 합의만이 최고의 해결책이기 때문입니다.
В случае, если Б заявил в полицию, после чего началось уголовное судопроизводство, и потом не согласился на договорённость, полиция вызовет А на допрос. Во время допроса нужно давать правдивые показания, потому что допрос будет проводиться ещё несколько раз в полиции и у прокурора. Если А даст ложные показания, это будет раскрыто, что впоследствии поставит его в невыгодное положение на суде.	을이 고소하여 형사소송이 개시되고, 합의를 하지 않은 경우에는, 갑은 경찰로부터 피신조서 작성을 위해 소환을 요구받을 것입니다. 이 경우에는 솔직하게 진술하는 것이 중요합니다. 조서 작성은 여러 차례에 걸쳐 이루어지기 때문에, 거짓 진술을 하는 경우, 공판 절차에서 거짓임이 밝혀져 불리한 위치에 처할 수 있습니다.

Словарь	
러시아어	법률용어
алкоголь	술
состояние сильного опьянения	만취

состояние (положение)	상태
чувства (эмоции)	감정
контролировать	조절하다
отпор (отражение)	반격
драка	주먹다짐
реакция (поступок)	대응
драка; насилие, в котором участвуют обе стороны	쌍방폭행
самозащита (необходимая оборона)	정당방위
образоваться, возникнуть	성립되다
преступление по статье «Насилие»	폭행죄
преступление по статье «Нанесение телесных повреждений»	상해죄
телесное повреждение	상해
встречное обвинение	맞고소
судебный иск; судебное дело; судебный процесс; судопроизводство	소송
денежные (материальные) расходы	경제적 비용
обеднение (истощение)	피폐
соглашение; договорённость	합의
совет	조언
решение	해결책
заявить на кого-либо	(누구를) 고소하다
уголовный процесс	형사소송
протокол ознакомления (обвиняемого или защитника)	피신조서
заполнение	작성
вызов	소환
требование	요구
показания	진술
протокол (акт)	조서
процедура (процесс)	절차

4. 스토킹
Сталкинг

Ситуация	상담사례
Я познакомилась с одним мужчиной на сайте знакомств. После этого он раз за разом присылает мне личные сообщения. Ему всё известно обо мне. Например, где я нахожусь (за границей или дома), мой адрес, адрес моих родителей, номера телефонов — мой и моих родителей. Он присылает мне сообщения сексуального содержания. Когда я встречаюсь с мужчинами, он сразу узнает об этом и угрожает им, требуя, чтобы они не встречались со мной. Однажды он пришел ко мне на работу, и мне пришлось позвать на помощь моих коллег. Как мне в таком случае можно оградить себя от него?	저는 채팅 사이트를 통하여 한 남자를 알게 되었습니다. 그 이후로 그 남자는 저에게 반복적으로 개인 메시지를 보내고 있습니다. 그는 제가 현재 어디에 있는지, 외국에 출장을 갔는지, 집에 있는지 다 알고 있으며, 저의 핸드폰 번호, 부모님의 핸드폰 번호 그리고 집주소까지 알아냈습니다. 매일 성적인 메시지를 보내며, 제가 가까이 지내는 남자친구가 있으면, 그는 그 사실을 알고, 그 남자친구들에게는 저를 더 이상 만나지 말라는 협박까지 하고 있습니다. 한번은 제가 있는 직장에 저를 만나러 와서 동료들에게 도움을 요청했던 적도 있습니다. 이 경우 저는 어떻게 해야 하나요?

Консультация	자문내용
Сначала нужно собрать доказательства, включая сообщения, которые он присылал; список телефонных звонков от него; если возможно, запись телефонного разговора; фотографии, если он их присылал.	우선 증거확보가 중요합니다. 그 남자가 보낸 메시지와 전화목록, 그 사람 얼굴이 나온 사진 등을 캡쳐해 두어야 합니다.
По закону, с упомянутыми доказательствами можно обратиться в суд, чтобы добиться приказа о запрете на приближение. Если суд вынесет такой приказ, то мужчине будет запрещено приближаться к вам физически, а также всеми другими способами (сообщения по интернету, СМС по телефону, письма по почте и т. д.) Если он нарушит этот приказ, вы сможете заявить об этом, и его привлекут к уголовной ответственности в виде штрафа.	법률적으로는 법원에 위 증거물과 함께 접근금지명령 신청을 할 수 있습니다. 법원에서 위 신청에 대하여 접근금지명령을 내리게 되면, 그가 온라인상으로 메시지를 보내든, 오프라인상으로 접근하든, 위 접근금지 명령을 위반하는 순간, 위반사실을 신고하면 벌금형에 처해지게 됩니다.
Согласно подпункту 41 пункта 1 статьи 3 Закона о наказании за уголовные проступки, за неоднократные попытки приближения и требования встреч вопреки ясно выраженному вами отказу, мужчину можно наказать.	또한 경범죄 처벌법 제3조 제1항 제41호에 의거 상대방의 명시적 의사에 반하여 지속적으로 접근을 시도하여 면회 또는 교제를 요구하는 행위를 반복하는 사람을 처벌할 수 있습니다.

Если в его сообщениях присутствует угроза, то в зависимости от тяжести она может быть квалифицирована как преступление по статье «Запугивание», и вы можете подавать заявление в полицию.	또한 구체적으로 해악을 고지한 경우 그 경중에 따라 협박죄가 인정될 수도 있으며,
Согласно подпункту 3 пункта 1 статьи 44 Закона об обеспечении использования информационных и коммуникационных сетей и защите информации, отправка текстовых, звуковых и видеосообщений, которые вызывают страх или беспокойство, квалифицируется как киберсталкинг.	정보통신망 이용 촉진 및 정보보호 등에 관한 법률 제44조의 7, 제1항 제3호에 의하여 공포심이나 불안감을 유발하는 글이나 소리, 영상 등을 반복적으로 보낸 경우 사이버 스토킹죄도 적용 가능합니다

Словарь	
러시아어	법률용어
часто, неоднократно, раз за разом	반복적으로
личный	개인
сообщение	메시지
иностранное государство (зарубежные страны)	외국
командировка; деловая поездка	출장
сексуальный	성적
угроза	협박
работа	직장
коллега	동료
помощь	도움

просьба (требование)	요청
сбор доказательств	증거확보
правовой (юридический)	법률적
суд	법원
вещественное доказательство	증거물
закон о запрете на приближение	접근금지명령
заявление	신청
нарушение	위반
наказание в виде штрафа	벌금형
уголовный проступок; преступление, не представляющее большой общественной опасности	경범죄
закон о наказании	처벌법
ясно	명시적으로
волеизъявление	의사표시
намерение; воля	의사
встреча	면회
общение	교제
вред	해악
сообщать (извещать)	고지하다
тяжесть	경중
информационно-коммуникационная сеть	정보통신망
использование	이용
поддержка, содействие развитию, обеспечение	촉진
защита информации	정보보호
боязнь	공포심
беспокойство	불안감
побуждение	유발
киберсталкинг	사이버 스토킹

5. 교통사고 후 보험처리 사례

Страховое возмещение после ДТП
(дорожно-транспортного происшествия)

Ситуация	상담사례
Ученица начальной школы была сбита машиной и сразу госпитализирована в больницу. На следующий день агент страховой компании со стороны водителя посетил школьницу и её родителей в больнице. Он предложил им небольшую компенсацию, которая недостаточна для покрытия расходов за лечение. Также он предложил подписать соглашение об отказе от дальнейших гражданских и уголовных исков о возмещении ущерба.	초등학생이 교통사고를 당한 뒤 바로 병원으로 후송되었습니다. 다음 날 가해 차량의 보험회사 직원이 병원에 방문하였습니다. 보험회사 직원은 피해자 가족들에게 치료비용에 터무니없이 적은 소정의 손해배상금을 제안했습니다. 그러면서 말하기를, 피해자에서는 더 이상 손해에 대해 민형사상 법적 책임을 묻지 않는다는 내용의 합의서에 사인할 것을 제안했습니다.
Как обычно проводится в Корее процесс получения компенсации от виновного водителя после попадания в автомобильную аварию?	한국에서는 교통사고가 난 뒤에 가해운전자로부터 손해배상을 받는 과정이 이렇게 이루어지는 것인가요?

Консультация	자문내용
В Корее после автомобильной аварии агент страховой компании со стороны виновного водителя нередко связывается с пострадавшим, чтобы договориться, предлагает определённую денежную сумму и требует отказа от гражданских и уголовных исков в дальнейшем. Но заранее договариваться с ним не следует, потому что страховому агенту в интересах страховой компании выгоднее разрешить конфликт компенсацией в меньшем размере, чем может выйти на самом деле.	한국에서는 교통사고가 난 뒤에, 가해 차량 운전자의 보험회사에서 피해자 측에 먼저 연락을 취해, 손해배상금 합의와 장래 발생할 손해에 대해 법적 책임을 면책하자는 합의서 작성을 제안하는 것은 일반적입니다. 하지만 절대로 먼저 합의를 해서는 안 됩니다. 보험회사 측에서는 실제 손해액보다도 손해배상금을 적게 지급하고 법적분쟁으로부터 자유로워지기를 원하기 때문입니다.
В компенсацию, которую вы можете получить, входят плата за лечение и также денежная компенсация морального ущерба. Задержка в определении суммы ущерба не вызывает проблем. После прохождения полного курса лечения вы можете требовать компенсацию, основываясь на размере платы за лечение (по больничным счетам). Для определения размера морального ущерба нужно рассмотреть судебный прецедент.	피해자는 치료비와 정신적 손해(위자료)를 포함한 손해배상금을 받을 수 있습니다. 다만 손해액의 산정은 천천히 해도 문제되지 않으며, 치료가 다 끝난 다음 이제까지 지출한 치료비(영수증)를 청구하면 됩니다. 위자료 산정의 경우에는, 초등학생이 다친 경우 인정된 위자료 관련 판례를 검토해야 할 필요가 있습니다.

Могут возникнуть такие проблемы, как отсроченные или выявленные позднее последствия аварии. Хотя при получении компенсации возникновение будущих осложнений определить невозможно, можно запросить компенсацию за осложнения после того, как они возникнут.	다만 문제가 되는 것은 사고로 인한 후유증입니다. 손해배상액을 받을 당시 예상할 수 없었던 후유증에 대해서는, 장래 그 후유증이 발생하였을 때 추가적으로 손해배상금을 받을 수 있습니다.
Пострадавший может требовать компенсации с виновной стороны или со страховой компании.	손해배상금을 청구하는 피해자 측은 가해자한테 또는 보험회사에 그 손해액을 청구할 수 있습니다.
Обычно заявление на получение компенсации подаётся в адрес страховой компании, так как она обладает бо́льшими материальными возможностями.	하지만 자력이 더 많은 보험회사에 손해배상금을 청구하는 것이 더 일반적입니다.

Словарь	
러시아어	법률용어
дорожно-транспортное происшествие (автомобильная авария)	교통사고
госпитализация	후송
акт насилия; посягательство	가해
сухопутное средство передвижения/перевозки (автомобиль, вагон)	차량
страхование	보험

сотрудник	직원
потерпевший	피해자
расходы (затраты) на лечение	치료비용
небольшой	소정
денежная сумма возмещения ущерба (убытка)	손해배상금
предложение	제안
ущерб	손해
по Гражданскому и Уголовному кодексам	민형사상
юридический (правовой)	법적
ответственность	책임
документ о договорённости	합의서
подписание	사인
процесс	과정
юридический конфликт	법적분쟁
моральный ущерб	정신적 손해
компенсация	위자료
определение (оценивание)	산정
требование	청구
статья	조
рассмотрение	검토
последствия, осложнения (после чего-либо)	후유증
материальные возможности	자력

6. 성추행 사건
Сексуальное домогательство

Ситуация	상담사례
Начальник на рабочем месте часто смотрел на меня, трогал меня за плечо, шутил на интимные темы. Мне очень неудобно, и я чувствую себя сексуально униженной. Что нужно делать в этом случае?	회사에서 사장님이 저를 지긋이 쳐다보고, 저의 어깨에 손을 올리거나, 성적인 농담을 자주 합니다. 저 스스로도 너무 부끄럽고, 성적 수치감이 들 정도입니다. 이 경우 저는 어떻게 해야 하나요?
Консультация	**자문내용**
При определении является ли происшедшее сексуальным домогательством необходимо учитывать субъективные обстоятельства пострадавшего и социальные нормы в отношении сексуальных домогательств. Под социальными нормами имеется в виду, что бы чувствовал и предпринял рациональный человек, оказавшись на месте жертвы домогательств.	성희롱 여부를 판단할 때에는 피해자의 주관적 사정을 고려하되 사회통념도 함께 고려해야 하며, 여기서 사회통념이란 합리적 사람이라면 피해자가 처한 상황에서 어떻게 느끼고 행동했을지를 뜻합니다.

В принципе сексуальное домогательство не влечет за собой уголовной ответственности. В большинстве случаев можно подать гражданский иск и получить компенсацию морального ущерба. Но если домогательства случились на рабочем месте и устав компании предусматривает за них взыскания, то виновник может быть наказан увольнением, а не в судебном порядке.	원칙적으로 성희롱은 형사처벌 대상은 아닙니다. 대부분의 경우에는, 민사적 책임을 물을 수 있으며, 즉 정신적 손해에 대한 손해배상청구가 가능합니다. 하지만 직장 내에서 성희롱을 한 경우 관련된 회사 규정이 있다면, 그에 따라 형사처벌보다 무서운 해고 등 중징계를 받을 수 있습니다.
В частности при возникновении случаев сексуального домогательства на рабочем месте, согласно статье 14 «Закона о гендерном равенстве при трудоустройстве и обеспечении гармонии в семье и на рабочем месте», в отношении виновника работодатель обязан вынести соответствующее взыскание или принять меры по перенаправлению виновника на другое место работы. В случае отсутствия наказательных мер в отношении виновника, что является нарушением вышеуказанного закона, с работодателя взыскается пеня.	특히 직장 내 성희롱의 경우에는, 남·녀고용평등과 일·가정 양립 지원에 관한 법률' 제 14조에 따라 성추행 등의 행위자에 대하여 징계, 근무장소의 변경등을 해야하고, 이를 위반하여 행위자에게 징계 조치를 하지 않을 경우 사업자에게 과태료 처분이 내려질 수 있습니다.

За сексуальные домогательства в устной форме, если они опорочили имя и честь пострадавшей стороны, по Уголовному кодексу можно подать заявление по статье «оскорбление» или «распространение сведений, порочащих имя». Если посредством угроз или применения силы имело место телесное прикосновение, которое вызвало сексуальный стыд, по Уголовному кодексу можно подать заявление по статье «непристойное действие с применением насилия или запугивания».	또한 아무리 말로 하는 성희롱이라 해도 피해자의 명예를 훼손하거나 모욕을 주는 경우에는 형법상 명예훼손죄나 모욕죄로 처벌될 수 있습니다. 더 나아가 협박 또는 폭력을 통해 성적 수치심을 일으키는 신체접촉을 했다면, 형법상 강제추행죄에 해당할 수 있습니다.
Если вы подверглись сексуальным домогательствам, нужно обратиться к вашему непосредственному начальнику. Если же виновником является непосредственный начальник, следует обратиться напрямую к работодателю. Если и после этого проблема не решена, или возникли неблагоприятные последствия, то нужно обратиться в Министерство труда или в Государственную комиссию по правам человека. Можно также с помощью адвоката подать в суд гражданский иск против нарушителя.	직장에서 성희롱을 당했다면 일단 상사에게 보고하는 게 우선입니다. 하지만 상사가 가해자인 경우에는 상사보다 상급자인 사업주에게 직접 신고해야 합니다. 사업주에게 신고했음에도 문제가 해결되지 않거나 오히려 불이익을 입었다면 정부기관인 고용노동부 또는 국가인권위원회에 진정할 수 있으며, 변호사의 도움을 받아 가해자를 상대로 민형사 소송을 내는 방안도 가능합니다.

Словарь	
러시아어	법률용어
компания	회사
директор	사장
сексуальный	성적인
чувство стыда	수치감
сексуальное домогательство	성희롱
присутствие или отсутствие (да или нет)	여부
решение (суждение)	판단
потерпевший	피해자
субъективный	주관적
положение	사정
социальная норма	사회통념
принципиальный	원칙적인
уголовная ответственность	형사처벌
ущерб	손해
заявление на получение компенсации	손해배상청구
правило; устав	규정
увольнение	해고
дисциплинарное взыскание	중징계
порочение чести	명예훼손
оскорбление	모욕
угроза	협박
насилие	폭력
сексуальный стыд	성적 수치심
телесное прикосновение (физический контакт)	신체접촉
непристойное действие посредством угроз или применения силы	강제추행
начальник	상사
вышестоящее лицо	상급자
предприниматель	사업주
невыгода (ущерб)	불이익

государственный орган	정부기관
Министерство труда	고용노동부
Государственная комиссия по правам человека	국가인권위원회
способ (решение)	방안

7. 협박죄

Запугивание

Ситуация	상담사례
Лицо А потребовало от лица Б денег, а в случае отказа пригрозило Б сказать его жене, что у Б есть другая женщина. Но Б не побоялся, потому что у него не было никакой другой женщины. Лицо А впоследствии сказало жене Б о существовании у Б внебрачных связей. Б узнал об этом и хочет наказать А по закону. Как можно наказать А?	갑이 을에게 돈을 주지 않으면, 을이 다른 여자와 바람 피운 사실을 을의 아내에게 말하겠다고 협박을 하였습니다. 하지만 을은 바람 피운 사실이 없기 때문에 갑의 협박에 대해 '해볼테면 해봐라'하는 생각에 전혀 공포심을 느끼지 않았습니다. 결국 갑은 을의 아내에게 을이 바람을 피고 있다는 사실을 알렸고, 을은 이 사실을 알고 너무 화가 났습니다. 갑을 법적으로 처벌할 수 있을까요?
Консультация	**자문내용**
Если вызвать у человека чувство страха путем выражения (словесно, письменно или действиями) намерения причинить вред, то это может подпадать под статью «Запугивание». Запугивание отличается от простого ругательства.	협박죄가 성립하기 위해서는, 해악을 상대방에게 고지함으로써, 상대방이 공포심을 느껴야 합니다. 따라서 협박은 단순한 욕설과는 구별됩니다.

В данной ситуации лицо Б не испытывало чувства страха. Можно ли в этом случае применить статью «Запугивание»?	하지만 사안의 경우, 갑은 공포심을 느끼지 않은 바, 상대방이 현실적으로 공포심을 느끼지 않은 경우에도 협박죄의 성립 여부가 문제됩니다.
Согласно судебному прецеденту, как правило, достаточно выразить намерение причинить вред для того, чтобы вызвать чувство страха у человека. То есть достаточно того, чтобы противоположная сторона осознала значение намерения причинить вред, и неважно, испытала ли она реально страх или нет. Поэтому в данном случае возникает состав преступления «Запугивание».	판례에 따르면, 일반적으로 사람으로 하여금 공포심을 일으키게 하기에 충분한 것이면 된다는 견해로 해악을 고지함으로써 상대방이 그 의미를 인식하기만 하면 상대방이 현실로 공포심을 일으켰는지 여부와 관계없이 협박죄가 성립한다고 합니다.

Словарь	
러시아어	법률용어
факт	사실
угроза	협박
запугивание	협박죄
чувство страха	공포심
юридический (правовой)	법적
наказание	처벌
вред (вредное влияние)	해악
другая сторона (противоположная сторона)	상대방
ругательство	욕설
различие	구별
судебный прецедент	판례
осознание (понимание)	인식

8. 사기죄 ①
Мошенничество (пример 1)

Ситуация	상담사례
Собственник земли, скрыв тот факт, что земля будет отчуждена в пользу государства, продал её покупателю. После совершения купли-продажи покупатель узнал о факте отчуждения. Что можно сделать по закону?	부동산 매도인이 매매 목적물인 부동산이 가까운 장래에 국가에 의해 수용될 것이라는 사실을 숨기고, 매수인에게 매도한 경우(목적물의 하자를 고지하지 아니하고 목적물을 처분하는 경우), 매매계약 체결 후 매수인이 이 사실을 알았다면, 매수인은 어떻게 해야 하나요?
Консультация	**자문내용**
В этом случае нужно рассмотреть, является ли происшедшее мошенничеством. Мошенничество — это приобретение имущества или незаконной выгоды путем обмана другого человека. Для применения статьи «мошенничество» должны выполняться следующие условия:	사안의 경우에는 사기죄에 해당하는지 여부를 살펴봐야 합니다. 사기죄는 사람을 기망하여 재물을 편취하거나 재산상의 불법한 이익을 취득하거나 제3자로 하여금 이를 얻게 함으로써 성립하는 범죄입니다.

(1) обманные действия, (2) просчёт обманутого, (3) распоряжение имуществом обманутого, (4) приобретение имущества или незаконной выгоды путем обмана, (5) возникновение имущественного ущерба, (6) преднамеренность обмана и незаконного приобретения чужого имущества, (7) причинная связь между обманными действиями и просчётом обманутого и причинная связь между просчётом обманутого и распоряжением имуществом обманутого, (8) прямое отношение между распоряжением имуществом обманутого и имущественным ущербом.	사기죄가 성립하기 위해서는 (1) 기망행위가 있고, (2) 피기망자의 착오, (3) 피기망자의 재산상의 처분행위, (4) 재물 또는 재산상의 이익취득 및 (5) 재산상의 손해발생(판례는 불요) 등의 요건을 구비하고, (6) 고의와 불법영득의사가 있어야 할 뿐 아니라, (7) 기망행위와 피기망자의 착오 사이 및 피기망자의 착오와 처분행위 사이에 인과관계가 있어야 하며, (8) 처분행위와 재산상의 손해발생 사이에는 직접적인 관계가 있어야 합니다.
Согласно судебному прецеденту, в случае если покупателю неизвестен факт того, что земля будет отчуждена в будущем, продавец обязан информировать покупателя об этом факте, в противном случае его действия могут быть квалифицированы как мошенничество путем бездействия.	판례에 따르면, 토지에 대하여 장차 협의매수되거나 수용될 것이라는 사정을 모르고 위 토지를 매수하려는 자에게 위와 같은 사정을 고지할 신의칙상 의무가 있음에도 이러한 사정을 고지하지 아니한 행위는 부작위에 의한 사기죄를 구성합니다.

Словарь	
러시아어	법률용어
недвижимость	부동산
продавец	매도인
продажа и покупка	매매
объект	목적물
будущее	장래
государство	국가
отчуждение	수용
покупатель	매수인
недостаток (дефект)	하자
договор купли-продажи	매매계약
заключение	체결
мошенничество	사기
подходящий (соответствующий)	해당
обман	기망
обманные действия	기망행위
обманутый	피기망자
просчёт (ошибка)	착오
передача, распоряжение	처분
ущерб	손해
намерение незаконно приобрести чужое имущество	불법영득의사
причинная связь	인과관계
судебный прецедент	판례
земля (земельный участок)	토지
соглашение (договор)	협의
положение	사정
бездействие	부작위

9. 사기죄 ②
Мошенничество (пример 2)

Ситуация	상담사례
Посетитель ресторана сделал заказ, но после еды, не заплатив, скрылся. Он с самого начала имел умысел не платить за еду. Какое наказание применяется в таком случае?	손님이 음식을 시켜 먹고 음식대금을 내지 않은 채 도주하였습니다. 손님은 처음부터 음식값을 지불할 생각이 없었습니다. 이 경우 어떤 죄가 성립할 수 있을까요?
Консультация	**자문내용**
Согласно Уголовному кодексу, нужно рассмотреть возможность применения статьи «Мошенничество».	형법상 사기죄의 성립여부를 살펴보아야 합니다.
Мошенничество — это приобретение имущества или незаконной выгоды путем обмана другого человека. Для применения статьи «Мошенничество» должны выполняться следующие условия:	사기죄는 사람을 기망하여 재물을 편취하거나 재산상의 불법한 이익을 취득하거나 제3자로 하여금 이를 얻게 함으로써 성립하는 범죄입니다.

(1) обманные действия, (2) просчёт обманутого, (3) распоряжение имуществом обманутого, (4) приобретение имущества или незаконной выгоды путем обмана, (5) возникновение имущественного ущерба, (6) преднамеренность обмана и незаконного приобретения чужого имущества, (7) причинная связь между обманными действиями и просчётом обманутого и причинная связь между просчётом обманутого и распоряжением имуществом обманутого, (8) прямое отношение между распоряжением имуществом обманутого и имущественным ущербом.	사기죄가 성립하기 위해서는 (1) 기망행위가 있고, (2) 피기망자의 착오, (3) 피기망자의 재산상의 처분행위, (4) 재물 또는 재산상의 이익취득 및 (5) 재산상의 손해발생(판례는 불요) 등의 요건을 구비하고, (6) 고의와 불법영득의사가 있어야 할 뿐 아니라, (7) 기망행위와 피기망자의 착오 사이 및 피기망자의 착오와 처분행위 사이에 인과관계가 있어야 하며, (8) 처분행위와 재산상의 손해발생 사이에는 직접적인 관계가 있어야 합니다.
Неоплаченные проезд и питание при заведомом отсутствии намерения платить или неплатёжеспособности, являются обманными действиями. Поэтому в таком случае применяется статья "Мошенничество".	따라서 처음부터 지불의사와 지불능력이 없는 무전취식, 무전숙박, 무임승차는 묵시적 기망행위에 해당합니다(다수설). 따라서 이 경우에는 사기죄가 성립합니다.

Но обычно, в случае неоплаченного проживания и питания, нельзя применить статью «Мошенничество», так как сумма невелика. На практике в данном случае применяется часть 39 (неоплаченный проезд, неоплаченное питание) пункта 1 статьи 3 Закона о наказании за уголовные проступки, и соответственно, взимается штраф.	하지만 일반적으로 무전취식의 경우, 그 금액이 소액이기 때문에 사기죄로 규율하기에는 어려움이 있습니다. 실무상 '무전취식'의 경우, 경범죄처벌법 제3조 제1항 39호(무임승차 및 무전취식)에 따라 범칙금 납부 등의 제재를 받게 됩니다.
Но если после приема пищи посетитель обнаружил, что у него нет денег, и скрылся, то, поскольку это простое уклонение от оплаты, распоряжение имуществом обманутого и преднамеренность отсутствуют. Поэтому статья «Мошенничество» не применяется.	한편 취식, 숙박 후 돈이 없음을 알고 몰래 도망친 경우에는 단순히 채무변제를 피하기 위해 도주한 것에 불과하고 피해자의 처분행위와 기망행위의 고의를 인정할 수 없기 때문에 사기죄는 성립하지 않습니다.

Словарь	
러시아어	법률용어
посетитель	손님
пища	음식
деньги	대금
убежать, скрыться	도주하다
платить	지불하다
по Уголовному кодексу	형법상
мошенничество	사기죄

обман	기망
имущество	재물
отбирать обманом	편취하다
незаконность	불법
выгода	이익
приобретение (получение)	취득
обманные действия	기망행위
обманутый	피기망자
просчёт (ошибка)	착오
передача, распоряжение	처분
ущерб	손해
условие	요건
подготовка	구비
намерение (умысел)	고의
намерение незаконно приобрести чужое имущество	불법영득의사
причинная связь	인과관계
намерение платить	지불의사
платёжеспособность	지불능력
неоплаченное питание	무전취식
неоплаченное проживание	무전숙박
неоплаченный проезд	무임승차
выплата долга	채무변제
всего лишь (не более чем)	불과
потерпевший	피해자

10. 점유이탈물횡령죄와 절도죄의 구별
Разница между присвоением и кражей

Ситуация	상담사례
Я ехал в метро и обнаружил рядом с собой кошелёк. Я подумал, что хозяин кошелька уже вышел из метро, поэтому взял кошелёк с собой. Через несколько дней мне позвонили из полиции, и я узнал, что хозяин кошелька заявил на меня о краже. Как я могу защитить себя?	지하철을 타고 가던 중에 제 옆자리에 지갑이 놓여져 있는 것을 발견했습니다. 저는 지갑의 주인은 이미 지갑을 잃어버린 채 내리고 없다고 생각했고, 그 지갑을 주워왔습니다. 그리고 며칠 뒤에 경찰로부터 전화를 받았고, 지갑의 주인이 저를 절도로 고소했다는 사실을 전해들었습니다. 저는 어떻게 해야 할까요?
Консультация	**자문내용**
В этом случае возникает вопрос является ли происшедшее присвоением вещи, вышедшей из владения собственника, или кражей, поскольку мера наказания за присвоение вещи, вышедшей из владения собственника, меньше, чем за «кражу».	사안의 경우에는 점유이탈물횡령죄에 해당하는지, 아니면 절도죄에 해당하는지가 문제됩니다. 왜냐하면 점유이탈물횡령죄와 절도죄는 그 형량에 있어서 차이가 나기 때문인데, 점유이탈물횡령죄가 절도죄보다 형량이 낮습니다.

Для различения этих двух преступлений решающим критерием является местонахождение потерянной вещи. Если хозяин вещи знает её местонахождение и может найти её, то человек, который возьмёт эту вещь, подпадает под статью «Кража», но если хозяин вещи не знает её местонахождение и не может её найти, то человек, который возьмёт эту вещь, подпадает под статью «Присвоение вещи, вышедшей из владения собственника». (По закону, если потерянные вещи или место потери находятся на территории, находящейся под управлением другого лица, то потерянные вещи переходят во владение этого лица.)	이 둘을 구별하기 위해서는 잃어버린 재물의 점유 여부가 중요합니다. 즉 소유자가 그 소재를 알고 되찾을 수 있느냐를 기준으로 결정되는데, 소유자가 그 소재를 알고 찾을 수 있으면 그 물건을 가지고 간 사람은 절도죄에 해당하며, 소유자가 어디에 두었는지 모를 경우에, 그 물건을 가지고 간 사람은 점유이탈물횡령죄에 해당합니다. (이는 법리적으로 유류 또는 분실장소가 타인의 배타적인 지배영역 내라면 그 물건에 대해서는 그 영역 관리자의 새로운 점유가 개시된다고 보기 때문입니다.)
Согласно судебному прецеденту, потерянные или оставленные вещи (телефон, золотое кольцо и т. д.) в интернет-кафе или бильярдной переходят во владение работника. В таком случае лицо, присвоившее потерянную вещь, которая перешла во владение работника помещения, подлежит наказанию по статье «Кража».	판례에 따르면 ① 피해자가 피씨방에 두고 간 핸드폰이나 당구장에서 분실한 금반지에 대해서는 피씨방이나 당구장 관리자의 점유를 인정하기 때문에, 물건을 가지고 갈 경우 절도죄에 해당한다면서,

| А в случае когда потерянные в метро или в автобусе вещи остаются необнаруженными водителем, они не переходят во владение водителя. В таком случае лицо, присвоившее оставленную вещь, подпадает под статью «Присвоение вещи, вышедшей из владения собственника». | ② 지하철이나 버스에서 승객이 두고 내린 물건에 대해서는 승무원이나 운전기사가 유실물을 현실적으로 발견하지 않는 한 승무원이나 운전기사의 점유를 부정하여, 그 물건을 가지고 간 자에 대해 점유이탈물횡령죄를 인정합니다. |

Словарь	
러시아어	법률용어
метро	지하철
кошелёк (бумажник)	지갑
обнаружение	발견
хозяин	주인
кража	절도
заявить на кого-либо	(누구를) 고소하다
факт	사실
случай	사안
присвоение вещи, вышедшей из владения собственника	점유이탈물횡령
разница	차이
различие	구별
имущество	재물
присвоение	점유
собственник; владелец	소유자
место (местонахождение)	소재
судебный прецедент	판례
потерпевший	피해자
заведующий, администратор	관리자

пассажир	승객
экипаж; бортпроводник	승무원
утерянная вещь	유실물
отрицание	부정

11. 주거침입죄
Незаконное вторжение в жилище

Ситуация	상담사례
Мой ребёнок играл с мячом и мяч укатился во двор чужого дома через щель под воротами. Я хотела вытащить мяч и протянула руку через щель. В это время хозяин дома увидел, как я тяну руку на территорию его двора. Хозяин обвинил меня в незаконном вторжении в жилище с целью совершения преступления и заявил в полицию. Было ли это незаконным вторжением в жилище с целью совершения преступления?	우리 아이가 공을 가지고 놀던 중 공이 옆집 대문 틈새 사이로 굴러 갔습니다. 제가 틈새로 공을 꺼내려 팔을 뻗었는데, 그 순간에 집주인이 대문 안으로 손을 뻗고 있는 저를 보고 말았습니다. 집주인은 저를 주거침입죄라며 경찰에 신고했습니다. 제가 주거침입죄에 해당하나요?
Консультация	**자문내용**
В этой ситуации вопрос заключается в том, может ли лицо, вторгшееся в частную собственность только частью тела (не всем телом), обвиняться в незаконном вторжении в жилище с целью совершения преступления.	사안의 경우 침입자의 신체의 전부가 아닌 일부가 주거에 들어간 경우에도 주거침입죄가 성립할 수 있는지 문제됩니다.

Согласно судебному прецеденту, суть статьи о незаконном вторжении в жилище состоит в правовой охране спокойного проживания. Разумеется, если спокойное проживание другого лица было нарушено субъектом действия с преступными намерениями, нет необходимости устанавливать, осуществлено ли это нарушение всем телом или только частью тела, и можно применить статью «Незаконное вторжение в жилище».	판례에 따르면 주거침입죄는 사실상의 주거의 평온을 보호법익으로 하는 것이므로, 반드시 행위자의 신체의 전부가 범행의 목적인 타인의 주거 안에 들어가야 성립하는 것이 아니라, 일부가 들어갔어도 주거의 평온을 해했다면 성립한다고 판시했습니다.
В рассматриваемом случае преступного намерения не было и произошло вторжение только частью тела, при этом трудно установить, было ли нарушено спокойное проживание, следовательно происшедшее вряд ли можно признать незаконным вторжением в жилище.	사안의 경우에는 신체의 일부가 들어갔지만, 범죄목적 없이 신체의 일부가 들어간 것이고, 주거자의 사실상의 주거의 평온을 침해하였다고 인정하기 어려우므로, 주거침입죄에 해당하기는 어려울 것입니다.

Словарь	
러시아어	법률용어
щель; узкое место	틈새
незаконное вторжение в жилище	주거침입죄
заявлять	신고하다
подходить; соответствовать	해당하다
вторгшийся; проникший	침입자

тело	신체
весь	전부의
часть	일부
жилой дом (жилище)	주거
статья	조
спокойствие; покой	평온
охрана правовых ценностей	보호법익
преступление	범행
намерение	목적
другое лицо	타인
решение/определение суда	판시
посягательство (нарушение)	침해

Ⅲ. 노사 상담 사례

1. 임금 체불
2. 산업재해

1. 임금 체불

Задержка зарплаты иностранному работнику, невыдача зарплаты

Ситуация	상담사례
Я из Узбекистана. Я работаю рабочим на заводе в Корее. Мой директор (работодатель) не выдает мне зарплату. Как я могу получить зарплату?	저는 우즈베키스탄 사람입니다. 한국에 있는 공장에서 노동자로 일하고 있습니다. 그런데 사장님이 월급을 주지 않습니다. 어떻게 해야 월급을 받을 수 있을까요?
Консультация	**자문내용**
Вы подписали трудовой договор? Если договор не был подписан, вы должны представить подтверждение того, что действительно работали на заводе определённое время, определённое количество часов в день. Поэтому вам нужно собрать доказательства факта работы на заводе.	당신은 근로계약서를 작성하셨나요? 만약 계약서를 쓰지 않았다면, 당신이 공장에서 언제부터 몇시간을 일했는지를 입증해야 합니다. 따라서 이러한 사실을 입증할 증거를 수집해야 합니다.

Например, табель учёта посещаемости рабочих или свидетельства коллег (людей, работающих с вами). Если у вас не будет таких доказательств, вам нужно сделать аудиозапись разговора с директором (работодателем). Вы должны ему сказать конкретно следующее: «Я работал с такого-то числа до такого-то числа столько-то часов, и вы должны заплатить мне за это». Если вы соберёте вышеуказанные доказательства, то можно обратиться с заявлением в Министерство труда, а если в Министерстве труда не смогут решить эту проблему, то нужно подать иск в суд.	예를 들어 근로장부 또는 당신과 함께 일하는 동료의 증언 등이 있을 수 있습니다. 이러한 입증자료가 없다면, 사장님과의 대화 내용을 녹음할 필요가 있습니다. 예컨대 당신은 사장님에게 '제가 언제부터 언제까지 몇시간씩 일하였으니, 이것에 대하여 얼마를 지불하셔야 하는 거 아시죠?' 라고 구체적으로 말해야 하며, 이를 녹음할 필요가 있습니다. 당신이 이와 같은 입증자료를 수집하였다면, 고용노동부에 신고할 수 있고, 고용노동부에 신고했음에도 해결이 안된다면, 임금청구의 소를 제기할 수 있습니다.
Однако, согласно статье 43, 109 Трудового кодекса, если невыплата заработной платы работнику продолжается, то в этом случае можно подать заявление и привлечь работодателя к уголовной ответственности (тюремное заключение сроком до 3 лет, либо штраф в размере от 20 млн вон).	한편 근로기준법 제43조, 제109조에 따라 임금 체불이 계속될 경우, 형사 처벌(3년 이하의 징역 또는 2전만원 이하의 벌금)을 받을 수 있으므로 형사 고소 또한 하나의 해결 방법입니다.

Словарь	
러시아어	법률용어
завод	공장
рабочий (работник)	노동자
директор	사장
зарплата	월급
трудовой договор	근로계약서
подтверждать (доказывать)	입증하다
факт	사실
доказательство	증거
собрать	수집하다
трудовая книжка (журнал учёта посещаемости)	근로장부
коллега (товарищ)	동료
свидетельство	증언
аудиозапись	녹음
оплата	지불
подробный	구체적
Министерство труда	고용노동부
иск о взыскании невыплаченной заработной платы	임금 청구

2. 산업재해
Производственная травма

Ситуация	상담사례
Я гражданин Узбекистана. В Корее я работаю на заводе рабочим. Но несколько дней назад моя рука попала в компрессорный станок, и указательный палец моей правой руки отрезало. Я хотел получить компенсацию за производственную травму, но владелец завода сказал, что не может её выплатить и предложил договориться о приемлемой сумме компенсации. Как мне лучше поступить?	저는 우즈베키스탄 사람입니다. 한국에 있는 공장에서 노동자로 일하고 있습니다. 그런데 며칠 전 일을 하다가 압축기에 손이 끼어 오른손 검지 손가락이 절단되는 사고가 일어났습니다. 산재 처리를 하려고 하니 사장님은 산재처리를 해줄 수 없다며, 적당히 합의를 보자고 합니다. 저는 어떻게 하는 것이 좋을까요?
Консультация	자문내용
Производственная травма — это понесение работником физического или морального ущерба в процессе выполнения работы при исполнении трудовых обязанностей.	노동의 과정에서 업무상 사유로 발생하게 되는 노동자의 정신적, 신체적 피해를 산업재해라고 하며,

Если работник получил повреждение вследствие несчастного случая на производстве, то для того чтобы подать заявление о получении компенсации за производственную травму, нужно являться работником согласно трудовому законодательству. Работник, согласно трудовому законодательству, это лицо, независимо от вида профессии работающее на рабочем месте в целях получения заработной платы.	업무로 인해 발생한 사고로 피해를 받게 된 경우 산업재해보상을 신청하려면, 근로기준법상 근로자에 해당해야 합니다. 근로기준법상 근로자란, 직업의 종류와 관계없이 임금을 목적으로 사업 또는 사업장에 근로를 제공하는 자를 말합니다.
Обычно при возникновении производственной травмы сторона предприятия стремится выплатить определённую сумму, придя к соглашению с пострадавшим работником. Но если у работника появятся основания считать, что лучше получить компенсацию за производственную травму по закону, так как сумма, которую собирается выплатить работодатель после соглашения, недостаточна, или позднее состояние здоровья может ухудшиться, и понадобятся денежные средства на лечение, на что сторона	통상 산업재해가 발생하면 회사는 협의하에 공상처리를 하려고 하지만, 금액이 만족하지 못하는 수준이거나, 후에 질병이 악화되어 치료비가 필요한데 회사에서 말을 바꿀 것 같다거나, 산업재해보상을 잘 이용할 수 있다고 판단된다면, 산업재해보상으로 해결하는 것이 더 바람직합니다.

работодателя может дать отрицательный ответ, тогда желательно получить компенсацию, полагаемую по закону.	
Сначала нужно обратиться к ответственному работнику отдела компенсаций Корейской корпорации благосостояния трудящихся и заполнить заявление на пособие на лечение после производственной травмы. Нужно заполнить 3 экземпляра заявления на получение пособия на лечение и подать их в Корейскую корпорацию благосостояния трудящихся. К заявлению, заверенному штемпелем работодателя, нужно приложить заключение врача, табель учёта посещаемости, письменные свидетельства коллег по работе, трудовой договор и расчётный листок по зарплате.	먼저 산업재해 보상을 받기 위해서는 관할 근로복지공단 보상부 담당자를 찾아 '산재 요양 신청서'를 작성해야 합니다. 이때 산업재해로 인하여 병원치료를 받아야 하는 경우 최초 요양급여신청서를 3부 작성하여 근로복지공단에 제출해야 하고, 신청서에는 사업주의 날인 그리고 의사의 소견이 있는 의무기록지와 목격진술서 그리고 근로계약서와 급여명세서 등을 첨부해야 합니다.

Если же владелец предприятия (работодатель) откажет в выдаче необходимых документов, то можно подать объяснительную об отказе работодателя выдать необходимые документы или о задержке их выдачи, или можно приложить к заявлению докладную записку. В случае отказа работодателя выдать необходимые документы рабочий может приложить документы по своему усмотрению.	만약 사업주가 필요서류의 제출을 거부한다면, 사업주가 필요서류의 제출을 거부하거나 미루는 사유서 또는 진정서로 갈음하여 첨부 제출할 수 있고, 사업주가 거부하여도 근로자가 임의로 제출할 수 있습니다.
Компенсация за производственную травму компенсирует следующее. Если при получении производственной травмы проходить лечение в больнице, можно подать заявление на получение пособия на лечение и отпускное пособие. В этом случае отпускное пособие составляет 70% средней заработной платы. Также, если после лечения возникнет инвалидность, то по степени инвалидности можно подать заявление на пособие и получить его. Если в ходе лечения понадобится больничная сиделка, то имеется возможность подать заявление на получение пособия на оплату услуг сиделки.	산업재해보상 범위는 다음과 같습니다. 산업재해로 인해 병원치료를 받게 된다면 요양급여와 휴업급여를 신청하여 받을 수 있고, 이때 휴업급여의 경우는 평균임금의 70%입니다. 또한 치료 후에도 장애가 남게 되면 장애등급별로 급여를 별도 신청하여 지급받을 수 있으며, 치료 중에 간병이 필요하다면, 간병이 행해진 날에 대해서 간병급여 신청이 가능합니다.

Словарь	
러시아어	법률용어
завод	공장
рабочий (работник)	노동자
компрессорный станок	압축기
указательный палец	검지
отрезание, обрубание, ампутация	절단
директор	사장
договорённость	합의
труд	노동
причина (основание)	사유
моральный/физический ущерб	정신적/신체적 피해
производственная травма (происшествие на работе)	산업재해
по трудовому законодательству	근로기준법상
рабочий	근로자
заработная плата	임금
предоставление	제공
обычно	통상
компенсация повреждений, полученных на работе	공상처리
ухудшение	악화
возмещение	보상
Корейская корпорация благосостояния трудящихся	근로복지공단
заявление на получение пособия на лечение	요양급여신청서
предприниматель	사업주
медицинское заключение	진단서
показания об увиденном	목격진술서
трудовой договор	근로계약서
расчётный листок по зарплате	급여명세서
приложение	첨부

отказ	거부
объяснительная записка	사유서
докладная записка	진정서
больничная сиделка	간병

IV. 출입국 · 난민 상담 사례

1. 난민 소송 사례 ①
2. 난민 소송 사례 ②
3. 난민 소송 사례 ③
4. 강제퇴거명령 사례

1. 난민소송 사례 ①
Суд по делам беженцев (пример 1)

Ситуация	상담사례
Я родился в мусульманской семье, но женившись на христианке, перешёл в другую веру. После этого мои родственники стали угрожать мне, поэтому велика вероятность того, что по возвращении домой я подвергнусь преследованиям.	저는 무슬림으로 태어났지만 기독교인 아내를 만나 결혼한 이후, 기독교로 개종하였습니다. 그 이후부터 가족으로부터 위협을 받아 귀국 시 박해가능성이 높습니다.
Консультация	**자문내용**
Чтобы получить статус беженца, необходимо доказать, что вы стали объектом преследования по одному из пяти следующих признаков: расовой принадлежности, вероисповеданию, политическим убеждениям, принадлежности к определённой социальной группе, национальной принадлежности. Также нужно находиться вне страны своего гражданства и не иметь возможности пользоваться защитой этой страны.	난민지위를 인정받기 위해서는 5가지의 박해사유 중 하나에 해당해야 합니다. 인종, 종교, 정치적 견해, 특정사회집단의 구성원, 국적을 이유로 박해를 받거나 받을 가능성이 있어, 본국으로부터 생명을 보호받지 못하는 경우여야 합니다.

В данном случае, (1) угрозы со стороны семьи по причине перехода в другую веру –это межличностный конфликт, следовательно это не может стать основанием для предоставления статуса беженца, так как у заявителя есть возможности пользоваться защитой этой страны.	사안의 경우, (1) 개종을 이유로 가족으로부터 받는 위협은 사인 간의 범죄행위로서, 본국으로부터 생명을 보호받을 수 있는 경우에 해당하므로, 난민사유에 해당하지 않습니다.
(2) Рассмотрение достоверности показаний истца, вызвало недоверие в связи с тем, что он несколько раз менял показания по поводу периода его женитьбы и периода получения угроз со стороны семьи, а также потому, что ему неизвестны христианские догматы и что он получает угрозы в стране, где христианство – одно из основных религиозных течений и гарантируется свобода вероисповедания.	(2) 또한 원고 진술의 신빙성을 살펴보건대, 기독교도인 부인과 결혼한 시점, 가족으로부터 위협받은 시점 등에 대해 진술을 여러번 번복하였고, 기독교의 중요 교리에 대해 잘 알지 못하고, 기독교가 주류를 이루며, 종교의 자유가 인정되는 본국에서 개종을 이유로 위협받았다는 진술의 신빙성이 의심됩니다.
(3) Кроме того, у него есть возможность решить вопрос, обратившись в судебные органы своей страны;	(3) 또 자국정부의 사법제도를 활용함으로써 해결할 수 있으며,

(4) Или же переехать в другой район внутри страны, чтобы избежать угроз со стороны семьи.	(4) 가족들의 위협을 피해 자국 내 다른 지역으로 피신하여 정착할 가능성이 있습니다.
(5) И то, что он только сейчас подал заявление на получение статуса беженца, хотя он уже 3 года находится в Корее на нелегальном положении, выглядит как злоупотребление системой получения статуса беженца.	(5) 마지막으로, 본인께서는 한국에서 불법체류를 3년간 하다가, 이제야 난민신청하였다는 점에서 난민제도를 악용하는 것으로 보일 수 있습니다.

Словарь	
러시아어	법률용어
переход в другую веру	개종
угроза	위협
возвращение на родину	귀국
притеснение, преследование	박해
статус беженца	난민지위
раса	인종
религия; вероисповедание	종교
политическое убеждение	정치적 견해
определённая социальная группа	특정사회집단
член	구성원
гражданство	국적
родина	본국
случай (дело)	사안
межличностный	사인 간의
противоправное действие	범죄행위
истец	원고

изложение, показания	진술
достоверность	신빙성
период	시점
переделывать; изменять	번복하다
догмат, канон, доктрина	교리
основное течение	주류
сомнение	의심
правительство своей страны	자국정부
судебная власть	사법제도
избежание	피신
останавливаться	정착하다
нелегальное проживание	불법체류
злоупотребление	악용
система признания	인정제도
система признания статуса беженца	난민제도
срок пребывания	체류기간
легально (законно)	합법적으로
продление	연장
хозяйственная деятельность	경제활동
способ	수단

2. 난민소송 사례 ②
Суд по делам беженцев (пример 2)

Ситуация	상담사례
Я занял у кредитора деньги. Но я не смог расплатиться с долгом, потому что испытываю материальные затруднения. Кредитор требовал от меня вернуть деньги и угрожал мне смертью, если я не расплачусь. Поэтому велика вероятность преследования по возвращении домой.	저는 채권자 갑으로부터 돈을 빌린 후 경제 사정이 좋지 않아 돈을 못 갚고 있습니다. 채권자 갑은 저에게 대여금을 갚으라고 요구하면서, 돈을 갚지 않으면 죽을 줄 알라며 협박하고 있습니다. 따라서 귀국 시 박해 가능성이 높습니다.
Консультация	**자문내용**
Чтобы получить статус беженца, необходимо доказать, что вы стали объектом преследования по одному из пяти следующих признаков: расовой принадлежности, вероисповеданию, политическим убеждениям, принадлежности к определённой социальной группе, национальной принадлежности.	난민지위를 인정받기 위해서는 5가지의 박해 사유 중 하나에 해당해야 합니다. 인종, 종교, 정치적 견해, 특정사회집단의 구성원, 국적을 이유로 박해를 받거나 받을 가능성이 있어, 본국으로부터 생명을 보호받지 못하는 경우여야 합니다.

В данном случае, (1) угроза со стороны кредитора по причине того, что заявитель не расплатился с долгом, не может стать основанием для получения статуса беженца, потому что это межличностный конфликт;	사안의 경우, (1) 채무불이행을 이유로 채권자로부터 받는 위협은 사인 간의 범죄행위로서, 인종, 종교, 국적, 특정사회집단의 구성원, 정치적 견해를 이유로 하지 않아 난민사유에 해당하지 않습니다.
(2) также заявитель не предоставил объективные документы или фотографии, подтверждающие угрозы со стороны кредитора, по причине которых заявитель опасается преследования.	(2) 또한 원고는 박해 공포의 이유인 채권자로부터 폭행 및 협박에 대한 객관적인 서류 또는 사진 등 증거제출을 못하고 있습니다.
(3) При рассмотрении достоверности показаний истца недоверие вызвало его заявление о том, что он был объявлен в розыск, хотя при этом он каким-то образом смог выехать из страны без задержания.	(3) 그리고 원고의 진술의 신빙성을 살펴보건대, 위 사건과 관련하여 경찰의 수배 중에도 자국공항을 통해 별다른 문제없이 출국한 사실로 보아 그 진술의 신빙성에 의심할 점이 있다 할 것입니다.
(4) У истца не было проблем со стороны кредитора в течение десяти лет с 2005 года. Поэтому вероятность преследований невелика.	(4) 더욱이 2005년 박해를 받은 이후 10년 동안 아무런 문제가 없었으므로, 귀국 시 박해받을 가능성은 희박해 보입니다.

(5) Страна истца имеет хорошую правовую систему, что позволяет истцу использовать её для собственной защиты от кредитора.	(5) 또 OO 국가는 잘 정비된 사법체계를 갖추고 있으므로, 자국정부의 사법제도를 활용함으로써 해결할 수 있으며,
(6) Заявителю можно переехать в другой район внутри страны, чтобы избежать угрозы со стороны кредитора.	(6) 채권자의 위협을 피해 자국 내 다른 지역으로 피신하여 정착할 가능성이 있습니다.
(7) Наконец, истец въехал в Корею по краткосрочной визе, но находился в стране нелегально в течение 3 лет и подал заявление на получение статуса беженца только 1 января 2016 г., что выглядит как злоупотребление системой получения статуса беженца.	(7) 마지막으로, 원고는 단기방문 자격으로 한국에 입국하여, 불법체류 상태로 3년간 체류하다가, 2016년 1월 1일에서야 난민신청을 했다는 점에서 난민제도를 악용하는 것이 아닌가 하는 의심이 듭니다.

Словарь	
러시아어	법률용어
кредитор	채권자
материальное положение	경제사정
требование	요구
угроза	협박
возвращение на родину	귀국
притеснение, преследование	박해
статус беженца	난민지위
раса	인종
религия; вероисповедание	종교

политическое убеждение	정치적 견해
определённая социальная группа	특정사회집단
член	구성원
гражданство	국적
случай (дело)	사안
нарушение долговых обязательств	채무불이행
межличностный	사인 간의
противоправное действие	범죄행위
истец	원고
насилие	폭행
предъявление доказательств	증거제출
изложение, показания	진술
достоверность	신빙성
розыск	수배
аэропорт своей страны	자국공항
правовая система	사법체계
нелегальное проживание	불법체류
заявление на получение статуса беженца	난민신청

3. 난민소송 사례 ③
Суд по делам беженцев (пример 3)

Ситуация	상담사례
Я участвовал в митинге против правительства в качестве члена партии «…». Правительство Узбекистана не признаёт эту партию и объявило её нелегальной организацией. Поэтому если я вернусь на родину, то существует вероятность преследований со стороны правительства.	저는 우즈베키스탄의 AAA정당의 회원으로 반정부 집회에 참여한 적이 있습니다. 우즈베키스탄 정부는 AAA을 정당으로 인정하지 않고 불법단체로 규정하여 박해를 하는 등 귀국 시, 박해가능성이 높습니다.
Консультация	**자문내용**
Чтобы получить статус беженца, необходимо доказать, что вы стали объектом преследования по одному из пяти следующих признаков: расовой принадлежности, вероисповеданию, политическим убеждениям, принадлежности к определённой социальной группе, национальной принадлежности.	난민지위를 인정받기 위해서는 5가지의 박해사유 중 하나에 해당해야 합니다. 인종, 종교, 정치적 견해, 특정 사회집단의 구성원, 국적을 이유로 박해를 받거나 받을 가능성이 있어, 본국으로부터 생명을 보호받지 못하는 경우여야 합니다.

В данном случае, (1) Истец является обычным членом партии «…», он никогда не возглавлял политическую деятельность, поэтому вряд ли может обратить на себя внимание правительства.	사안의 경우, (1) 원고는 AAA 정당의 일반당원으로서, 주도적인 정치적 활동을 한 바 없으며, 정부로부터 주목가능성이 없으므로, 원고의 진술을 신뢰하기가 어렵습니다.
(2) Истец никогда не получал прямых физических угроз от государственных служащих и не арестовывался. По большей части он получал предупреждения в устной или письменной форме. Поэтому притеснение незначительно.	(2) 그리고 원고는 정부공무원으로부터 직접적인 신체적 위협이나 체포 등을 당한 적이 없으며, 대부분 서면이나 구두경고에 그쳐 박해가 경미하다고 할 것입니다.
(3) При рассмотрении достоверности показаний истца вызвало недоверие то, что дата и масштаб митинга против правительства, о которых сообщается в прессе и в интернете, не совпадают с данными истца.	(3) 또 진술의 신빙성을 살펴보건대, 위 반정부 대규모 집회사건과 관련하여 언론이나 인터넷 매체를 통해 확인된 일자와 규모가 원고의 진술과 상이하여 그 진술의 신빙성에 의심할 점이 있다 할 것입니다.

Словарь	
러시아어	법률용어
партия	정당
член	회원
антиправительственный	반정부
митинг	집회

нелегальная организация	불법단체
возвращение на родину	귀국
притеснение, преследование	박해
статус беженца	난민지위
раса	인종
религия; вероисповедание	종교
политическое убеждение	정치적 견해
определённая социальная группа	특정사회집단
член	구성원
гражданство	국적
родина	본국
случай (дело)	사안
истец	원고
обычный (рядовой) член	일반당원
изложение, показания	진술
доверие	신뢰
государственный служащий	정부공무원
арест	체포
документ	서면
предупреждение в устной форме	구두경고
незначительный	경미하다
достоверность	신빙성
пресса (средства массовой информации)	언론
несходный (различный)	상이한

4. 강제퇴거명령 사례
Приказ о принудительном выдворении из страны

Ситуация	상담사례
Я гражданин Казахстана. Срок моей визы (срок пребывания) подошёл к концу и я обратился в Иммиграционную службу. Но мне был вынесен приказ о принудительном выдворении из страны по причине заключения фиктивного брака. Мой брак не является фиктивным. Я до сих пор живу с моей корейской супругой. Что мне надо делать?	저는 카자흐스탄 사람입니다. 비자의 체류기간 만료일이 다가와 출입국관리소에 체류기간 연장신청을 하였지만, 출입국관리소로부터 위장결혼을 하였으므로 강제퇴거명령을 내린다는 답변을 받았습니다. 저는 위장결혼을 하지 않았습니다. 아직도 한국인 배우자와 함께 살고 있습니다. 저는 어떻게 해야 하나요?
Консультация	**자문내용**
Согласно статье 46 Закона об иммиграционном контроле, если имеются веские основания полагать, что действия человека угрожают интересам Республики Корея или общественной безопасности, то в его отношении выносится приказ о принудительном выдворении из страны.	출입국관리법 제46조에 따르면, 대한민국의 이익이나 공공의 안전을 해치는 행동을 할 염려가 있다고 인정할 만한 상당한 이유가 있는 사람은 강제퇴거의 대상입니다.

Приказ о принудительном выдворении из страны выносится в случаях заключения фиктивного брака, совершения таких преступлений, как, например, преступления на сексуальной почве или связанные с наркотиками, а также если лицо является преступником и можно заключить, что лицо наносит ущерб стране пребывания или его пребывание на территории страны является нежелательным.	강제퇴거되는 경우는 위장결혼, 성범죄 및 마약범죄 등 자국에 불이익을 주거나 바람직하지 못하다고 판단되는 경우들입니다.
Как правило, если выехать из страны после получения приказа о принудительном выдворении из страны, в течение 5 лет новый въезд в страну невозможен (подпункт 6 пункта 1 статьи 11 Закона об иммиграционном контроле).	일반적으로 강제퇴거명령을 받고 출국을 하면, 5년간 재입국이 불가합니다(출입국관리법 제11조 제1항 제6호).
Следовательно, если имеются несогласия с основаниями вынесения приказа о принудительном выдворении из страны, нужно подать заявление о несогласии в течение 7 дней после получения письменного приказа о выдворении из страны или возбудить судебный иск об отмене приказа.	따라서 강제퇴거명령 사유에 대한 불복이 있는 경우에는, 강제퇴거명령서를 받은 날로부터 7일 이내에 이의신청서를 제출하거나, 강제퇴거명령처분에 대한 취소소송을 제기하여야 합니다.

При возбуждении иска выдаётся визовый статус G-1 (прочее) и предоставляется возможность пребывать в стране на законном основании до окончания судебного процесса.	소를 제기하게 되면, G-1(기타) 자격이 주어지며, 소송의 결과가 나올 때까지 합법적으로 체류할 수 있게 됩니다.

Словарь	
러시아어	법률용어
срок пребывания	체류기간
последний день срока	만료일
заявление на продление срока пребывания	체류기간연장신청
фиктивный брак	위장결혼
приказ о принудительном выдворении из страны	강제퇴거명령
ответ	답변
Закон об иммиграционном контроле	출입국관리법
благо, интерес	이익
общественная безопасность	공공의 안전
насилие, хулиганство	폭행죄
преступление на сексуальной почве	성폭력 범죄
преступление, связанное с наркотическими средствами	마약범죄
преступник	범죄자
своя (родная) страна	자국
невыгода (убыток)	불이익
повторный въезд	재입국
неподчинение (непослушание)	불복
заявление о несогласии	이의신청서
иск об отмене (чего-либо)	취소소송

предъявлять	제기하다
право (разрешение)	자격
иск (заявление)	소송
законное пребывание	합법적 체류

V. 종합 상담 사례

1. 강아지 뺑소니 사건

2. 음주운전

3. 이혼소송 ① — 결혼 이민자의 재판상 이혼 시 체류자격

4. 이혼소송 ② — 재산분할

5. 휴대폰 훼손 사건 — 과실상계가 가능한지 여부

6. 명예훼손 및 초상권 침해

1. 강아지 뺑소니 사건
Сокрытие с места дорожно-траспортного происшествия

Ситуация	상담사례
Водитель сбил мою собаку и уехал с места происшествия. Могу ли я подать заявление на привлечение его к уголовной или гражданской ответственности?	강아지와 산책하던 중 자동차가 강아지를 치고 달아났습니다. 뺑소니 사건인 경우 형법상 또는 민사상 책임을 물을 수 있는 방법이 있을까요?
Консультация	**자문내용**
Вы имеете право подать заявление на привлечение его к уголовной или гражданской ответственности.	당신은 형사상, 민사상 책임을 물을 수 있습니다.
По Уголовному кодексу собака является не живым существом, а только имуществом, поэтому водителя невозможно привлечь к такой же ответственности, как за сокрытие с места происшествия, в котором водитель сбил человека.	형사상으로는 강아지는 사람이 아닌 재물에 속하기 때문에, 뺑소니 운전자는 차의 운전으로 인하여 사람에게 업무상 과실치사상의 결과를 주고 도주한 경우인, 도주죄에 해당하지 않습니다.

Но водителя можно привлечь к уголовной ответственности за повреждение чужого имущества.	그러나 운전자는 재물인 강아지를 다치게 한 것에 대해 재물손괴죄의 책임을 져야 합니다. 다만, 과실에 의한 재물손괴죄는 처벌하지 않습니다.
По Гражданскому кодексу хозяину собаки можно потребовать компенсацию за порчу имущества, которым является собака.	민사상으로는, 강아지 주인은 강아지에 대한 손해에 대해, 불법행위에 따른 손해배상청구를 할 수 있습니다.

Словарь	
러시아어	법률용어
дорожно-транспортное происшествие	교통사고
ходатайствовать о привлечении к уголовной или гражданской ответственности	형법상 또는 민사상 책임을 묻다
сокрытие с места дорожно-транспортного происшествия	뺑소니
случай (дело)	사건
по Уголовному кодексу	형법상
по Гражданскому кодексу	민사상
ответственность	책임
имущество	재물
водитель	운전자
вождение	운전
неумышленное убийство	과실치사
сокрытие (побег)	도주
порча (повреждение) имущества	재물손괴죄
противоправное действие (правонарушение)	불법행위
иск о возмещении ущерба	손해배상청구

2. 음주운전

Вождение в состоянии алкогольного опьянения

Ситуация	상담사례
Я был за рулём в нетрезвом виде и сбил человека. Что мне делать?	음주상태로 운전을 하다가 사람을 치었습니다. 어떻게 해야 하나요?
Консультация	**자문내용**
По закону у вас две проблемы: ответственность по Уголовному и Гражданскому кодексам.	법률적으로 당신은 2가지가 문제됩니다. 형사상 그리고 민사상 책임이 문제됩니다.
По Гражданскому кодексу вы должны выплатить денежную компенсацию за телесные повреждения и моральный ущерб.	민사상으로, 당신은 신체적 손해와 정신적 손해에 대한 불법행위에 따른 손해배상을 해야 합니다.

В принципе, если у вас есть комплексное страхование автомобиля, вместо вас за ущерб оплатит страховая компания, но в случае, если вы находились за рулём в состоянии алкогольного опьянения, страховые компании обычно не выплачивают компенсацию ущерба. (Это зависит от условий договора страхования.)	원칙적으로 당신이 자동차종합책임보험에 가입되어 있다면, 보험회사에서 당신을 대신해서 민사상 손해배상금을 지불하지만, 음주운전인 경우에는 당신을 대위하여 손해배상금을 지불하지 않습니다. (물론, 이것은 보험계약의 조건에 따라 다소 차이날 수 있습니다.)
По Уголовному кодексу вы можете быть признаны виновным в вождении в нетрезвом состоянии и неумышленном причинении телесных повреждений.	형사상으로는 '음주운전죄-도로교통법 제44조 위반죄'와 '업무상과실치상죄'에 해당할 수 있습니다.
В принципе, если у вас есть комплексное страхование автомобиля и ваши действия были неумышленными и не могут быть квалифицированы как «грубая небрежность», с вас снимается уголовная ответственность, но в случае, когда вы находитесь за рулём в состоянии алкогольного опьянения, нельзя снять уголовную ответственность, несмотря на наличие страхования. Следовательно, нельзя оспаривать наличие виновности или	원칙적으로 당신이 자동차종합책임보험에 가입되어 있다면, 고의 또는 11대 중과실 사고가 아닌 경우 형사상 책임을 면하지만, 음주운전인 경우에는 보험 가입여부와 관계 없이 형사상 책임을 면제 받지 못합니다. 따라서, 범죄 사실이 명백한 이상 유죄에 해당하고, 변호인으로서는 형량을 줄이기 위한 싸움을 해야 합니다.

невиновности, потому что присутствует очевидная виновность, но, наняв адвоката, можно оспорить меру наказания.	
Чтобы снизить меру наказания, нужен факт того, что вы впервые совершили преступление, а также договорённость с пострадавшим и судебный депозит (в случае если договорённость с пострадавшим не состоялась, денежная сумма для оплаты компенсации пострадавшему вносится в суде). Другими словами, договорённость с пострадавшим — дело первостепенной важности в этой ситуации.	형량을 줄이기 위해서는, 초범이라는 사실, 피해자 가족과 합의한 사실, 공탁금을 지불했다는 사실(피해자와 합의가 되지 않은 경우, 판결이 선고 된 이후 피해자가 수령해갈 위로조로 지불되는 형사 위로금) 등이 필요합니다. 무엇보다 피해자와 합의하는 것이 제일 중요합니다.

Словарь	
러시아어	법률용어
состояние алкогольного опьянения	음주상태
вождение	운전
по закону	법률적
по Уголовному кодексу	형사상
по Гражданскому кодексу	민사상
ответственность	책임
телесное повреждение	신체적 손해
моральный ущерб	정신적 손해
противоправное действие (правонарушение)	불법행위
возмещение ущерба	손해배상

как правило (в принципе)	원칙적으로
комплексное страхование автомобиля	자동차종합책임보험
регистрация	가입
страховая компания	보험회사
сумма возмещения ущерба	손해배상금
оплата, уплата, выплата, расчёт	지불
договор страхования	보험계약
в зависимости от условий чего-либо	~조건에 따라
вождение в состоянии алкогольного опьянения	음주운전죄
неумышленное нанесение телесных повреждений	업무상과실치상죄
защитник (адвокат)	변호인
мера осуждения (наказания)	형량
первое преступление	초범
факт	사실
потерпевший	피해자
договорённость	합의
судебный депозит	공탁금
решение суда (осуждение)	판결
получение (принятие)	수령
компенсация	위로금

3. 이혼소송 ① — 결혼 이민자의 재판상 이혼 시 체류자격

Исковое заявление о расторжении брака (пример 1) — право иностранного гражданина на пребывание в стране при разводе

Ситуация	상담사례
Я, гражданка России, вышла замуж за гражданина Кореи. Мы прожили вместе полтора года, и муж хочет развода, но я не хочу. Поэтому муж подал заявление в суд на развод. Обосновывая свое желание развестись, он заявил, что я психически больна, применяла насилие над ним, занималась членовредительством, не имею интереса к корейскому языку и корейской культуре. Но я не согласна с его заявлениями. Я никогда не применяла насилие, я работала в России 14 лет в полиции и каждый год проходила медицинский осмотр, включая оценку психического состояния, результаты которой показывали, что я здорова.	저는 한국 남성과 결혼한 러시아 사람입니다. 남편과 결혼하여 1년 6개월 동안 살았고, 현재는 남편이 이혼을 원하고 있지만, 저는 이혼을 원하지 않습니다. 그래서 남편은 재판상 이혼을 청구한 상태입니다. 남편은 재판상 이혼의 사유를 저의 정신질환이라고 말하고 있습니다. 제가 정신질환이 있어 폭력을 행사하고, 자해를 하고, 한국어와 한국문화에 대해 관심이 없다고 주장합니다. 하지만 저는 그의 주장을 인정할 수 없습니다. 저는 폭력을 행사한 사실이 없으며, 러시아에서 14년 동안 경찰로 일하면서, 매년 정신검진을 포함한 정기 건강검진을 받아왔고, 그 결과 제 정신과 건강은 정상임이 입증되었다고 생각합니다.

Я старалась научиться готовить блюда корейской кухни, посещая курсы кулинарии.	또한 저는 요리교실을 수강하며 한국요리를 배우려고 노력했습니다.
Напротив мать мужа, моя свекровь, применяла насилие надо мной. Было два случая насилия. Свекровь толкнула меня так, что я упала на пол. Муж и свекровь часто плохо отзывались о моей семье и высказывали оскорбления в адрес моей семьи.	또 폭력을 행사한 것은 오히려 제가 아닌 저의 시어머니입니다. 두 번의 폭력이 있었습니다. 시어머니께서 두 번을 밀쳐서 바닥에 넘어진 적이 있습니다. 남편와 시어머니는 저의 가족에 대해 모욕적인 말을 하거나 명예훼손적인 말을 일삼았습니다.
Вначале я не хотела развода, но после того как муж предъявил ложное свидетельство обо мне, я хочу развестись с ним и получить юридическую помощь, чтобы его привлекли к ответственности за порочение моего имени, ложные заявления о моей психической болезни и насилие.	저는 처음에는 이혼을 원하지 않았지만, 남편이 저와 이혼하기 위해 거짓 증거들과 말을 만들어 내는 모습을 보고 나니 더 이상 같이 살 수 없어 이혼을 하고 싶습니다. 다만, 저에 대한 명예를 훼손하고, 거짓으로 정신질환자로 몰아가고, 폭력을 행사한 것에 대한 법적인 조치를 취하고 싶습니다.
Консультация	**자문내용**
Если суд примет окончательное решение в пользу мужа, это будет считаться разводом по вине жены. В таком случае по закону вам придётся покинуть страну в течении 6 месяцев.	재판부에서 부인을 유책배우자로서 인정하여 남편의 청구를 받아들이면, 부인께서는 6개월의 가사정리 기간을 거쳐 한국에서 추방당하게 됩니다.

Если вы хотите находиться в Корее постоянно, нужно судиться повторно, чтобы доказать свою невиновность и опровергнуть свидетельство мужа. Если муж потребовал компенсации за моральный ущерб по вашей вине, то это тоже нужно оспорить. Также можно подать заявление на раздел имущества.	한국에서 계속 체류하고 싶다면, 남편의 주장과 증거가 허위이며, 부인이 유책배우자가 아니라는 사실을 증명하기 위해 다시 다투어야 합니다. 또한 남편이 당신으로부터 받은 정신적 손해에 대한 위자료 청구를 하였다면, 이 부분에 대해서도 다투어야 하며 재산분할에 대해서도 주장할 필요가 있습니다.
Дата вынесения решения суда уже назначена, поэтому нужно срочно, до вынесения решения, подать заявление на повторное судебное разбирательство. Если вы опоздаете и подадите заявление после вынесения решения суда и это решение окажется в пользу мужа, то в таком случае при повторном разбирательстве ваша позиция будет невыгодной. Потому что поменять решение суда нелегко.	이미 선고기일이 잡혔으므로, 선고기일이 다가오기 전에 변론재개신청을 신속하게 할 필요가 있습니다. 1심 판결을 기다렸다가 항소를 하는 방법도 있지만 만약 1심 선고 후에 항소를 하게 되면, 1심 판결을 뒤집는 것은 매우 어렵기 때문에 불리한 입장에 처하게 됩니다.

Прежде всего, поговорим о проблеме визы и компенсации за моральный ущерб. Если вы докажете, что вы психически здоровый человек и свидетельства мужа ложны, вы можете сохранить право на пребывание в Корее, а заявление мужа на получение компенсации морального ущерба получит отказ в суде.	먼저 비자문제와 위자료 문제에 대해 말씀드리고자 합니다. 부인께서 정신적으로 건강하고, 남편이 거짓 주장을 했다는 사실을 증명하여 유책배우자가 아님을 입증할 수 있다면, 한국에서의 체류자격은 유지될 수 있습니다. 그리고 남편의 위자료 청구에 대해서도 기각을 이끌어 낼 수 있습니다.
По поводу раздела имущества: поскольку вы прожили в Корее недолго, трудно сказать какая доля при разделе имущества вам положена. Это может решить только суд.	재산분할에 대해서는, 당신이 결혼생활을 영위한 기간이 짧기 때문에, 정확하게 말하기는 어렵지만, 재산분할에 대한 주장은 해볼 만합니다. 하지만 이것은 재판부의 판단사항입니다.
По уголовному спору нужно рассмотреть статьи «Насилие», «Оскорбление» и «Распространение сведений, порочащих имя». Для того чтобы применить статьи «Оскорбление» и «Распространение сведений, порочащих имя», нужно доказать публичное распространение сведений, но если вышесказанное происходило между вами двоими, это не является преступлением.	형사적 쟁점을 보자면, 폭행죄와 모욕죄 및 명예훼손죄를 검토해야 합니다. 남편이 한 모욕 및 명예훼손적 발언이 죄에 해당하기 위해서는 공연성이라는 요건이 입증되어야 합니다. 하지만 둘만 있는 공간에서 말다툼을 하며 그런 언사를 했다면 모욕죄 및 명예훼손죄는 성립하지 않습니다.

Если говорить о преступлении по статье «Насилие», нужно иметь доказательства. Так как вы сказали, что у вас есть запись телефонного разговора с мужем, где он признаёт факт насилия, то эту запись можно использовать как доказательство. Также хорошо иметь медицинскую справку, доказывающую факт насилия.	남편 및 시어머니에 대해 폭행죄가 성립하려면, 폭행사실에 대한 증거가 필요한데, 부인께서 말씀하신 대로, 남편과 전화통화하며 폭행 사실을 자백하는 녹음 파일이 있다면 충분합니다. 또한 병원진단서도 폭행 사실에 대한 증거가 될 수 있습니다.
По Гражданскому кодексу вы можете подать заявление на компенсацию за насилие со стороны мужа.	민사적 쟁점을 살펴보자면, 남편의 폭행에 대한 손해배상청구를 할 수 있습니다.
Следовательно, вы можете подать в суд заявление на привлечение мужа к уголовной, а также гражданской ответственности.	즉, 남편의 폭행에 대해 형사적으로 고소할 수 있으며, 민사적으로 손해배상의 소를 제기하여 그 책임을 물을 수 있습니다.

Словарь	
러시아어	법률용어
клевета — преступное распространение заведомо ложных сведений, порочащих кого-либо или что-либо	비난(비방)
брак (бракосочетание)	결혼
развод (расторжение брака)	이혼
суд (судебное решение)	재판
требование (заявление)	청구

причина (повод)	사유
психическое расстройство (болезнь)	정신질환
применение насилия	폭력행사
членовредительство	자해
утверждение (настояние)	주장
оценка психического состояния	정신검진
регулярный медицинский осмотр	정기건강검진
подтверждение (доказательство)	입증
оскорбляющий	모욕적
порочение чести	명예훼손
ложные доказательства	거짓증거
применение законных мер	법적인 조치
судебная коллегия	재판부
виновная сторона в расторжении брака	유책배우자
депортация (изгнание)	추방
пребывание	체류
ложь	허위
доказательство	증명
компенсация	위자료
раздел имущества	재산분할
день вынесения решения суда	선고기일
ходатайство о повторном судебном разбирательстве	변론재개신청
решение суда	판결
апелляция (обжалование)	항소
право на пребывание	체류자격
отказ (отклонение)	기각
вести семейную жизнь	결혼생활을 영위하다
спор в рамках уголовного дела	형사적 쟁점
насилие	폭행죄
высказывание (выражать словами)	발언(발언하다)
публичность	공연성

условие	요건
слово (речь)	언사
признание	자백
звуковая запись	녹음파일
медицинская справка (диагноз)	병원진단서

4. 이혼소송 ② — 재산분할

Исковое заявление о расторжении брака (пример 2) — раздел имущества

Ситуация	상담사례
Я подвергаюсь домашнему насилию со стороны мужа и решила подать иск в суд на развод. Если мы разведёмся, как нужно делить имущество?	남편의 폭력에 시달려 결국 이혼하게 되었습니다. 이혼을 하게 될 경우 재산분할은 어떻게 해야 하는 것인가요?
Консультация	**자문내용**
В принципе объект раздела имущества — это всё имущество, которое накопили супруги вместе. Такое совместно нажитое имущество включает в себя квартиру и денежные вклады, а если есть долг, то нужно исключить его из всего имущества. Имущество, которое существовало до заключения брака, или имущество, которое получено от своих родителей после заключения брака, является личным имуществом, а не общим, поэтому не подлежит разделу.	원칙적으로 재산분할의 대상은 부부가 협력해서 모은 재산을 말합니다. 이러한 부부의 공동재산에는 주택, 예금 등이 포함되고, 채무가 있는 경우에는 그 재산에서 그만큼 공제됩니다. 혼인 전부터 각자 소유하고 있던 재산이나 혼인 중 상속, 증여 등으로 취득한 재산은 각자의 특유 재산으로 재산분할 대상이 아닙니다.

Обе стороны имеют право требовать раздел имущества, которое было совместно нажито после заключения брака. Наличие этого права не зависит от того, по чьей вине произошёл развод. Поэтому сторона, по чьей вине произошёл развод, тоже имеет это право. Из этого следует, что в разделе имущества важно не кто больше виноват в разводе, а, во-первых, что является предметом раздела, и, во-вторых, сколько каждая сторона внесла для накопления имущества.	재산분할청구권은 혼인 후 공동으로 이룩한 재산에 대해서 양쪽 모두 주장할 수 있습니다. 또한 재산분할 청구권은 이혼의 책임이 누구에게 있는지에 관계 없이, 혼인관계에 파탄이 있는 유책배우자도 청구할 수 있습니다. 재산 분할에서 중요한 것은 이혼에 누가 더 큰 잘못이 있는가가 아니라 재산분할의 대상이 되는 재산이 어떤 것인지, 부부 각자에게 얼마만큼의 기여도가 인정되는지입니다.
В частности, когда определяют предмет раздела, не важно, на чьё имя зарегистрировано имущество, а важно, было ли имущество совместно нажито супругами.	특히 재산분할의 대상이 되는지 판단할 때에는, 그 명의가 누구에게 있는지는 중요하지 않고, 재산이 부부 공동으로 이룩한 재산이라고 볼 수 있는지 여부가 가장 중요하게 판단됩니다.
Наконец, сторона, виновная в разводе, может подать заявление на раздел имущества, и если эта сторона внесла бо́льшую долю в накопление имущества, она может получить больше при разделе имущества.	결론적으로 유책 배우자라 하더라도 재산분할을 청구할 수 있으며 만약 유책배우자의 기여도가 더 높이 인정된다면 유책배우자에게 재산을 분할해줘야 하는 경우도 생길 수 있습니다.

Словарь	
러시아어	법률용어
насилие	폭력
расторжение брака (развод)	이혼
раздел имущества	재산분할
в принципе	원칙적으로
объект раздела имущества	재산분할 대상
супруги	부부
сотрудничество, объединение усилий	협력
имущество	재산
совместное имущество	공동재산
квартира (жилище)	주택
денежный вклад	예금
долг (обязательство)	채무
вычет (отчисление)	공제
брак	혼인
собственность	소유
наследование	상속
преподнесение (подарок)	증여
приобретение	취득
присущий (свойственный кому/чему)	특유의
право требования раздела имущества	재산분할청구권
крах; разрушение	파탄
требование (заявление)	청구
процент вклада	기여도
регистрировать на имя кого-либо	~의 명의로 등록하다
нажить (заработать)	(재산을)만들다
в заключение	결론적으로
виновная сторона в расторжении брака	유책배우자

5. 휴대폰 훼손 사건 — 과실상계가 가능한지 여부
Повреждение телефона — применение сравнительной небрежности

Ситуация	상담사례
Я опаздывал на встречу. Нужно было перейти дорогу. Зажёгся зелёный свет, но я был далеко от пешеходного перехода и поэтому стал переходить дорогу не по переходу, а по проезжей части. Сходя с дороги на тротуар, я случайно задел за руку человека, который стоял на остановке и смотрел в свой телефон. Он уронил телефон на землю и экран телефона разбился. Потерпевший потребовал 100-процентной компенсации расходов на ремонт. Но я считаю, что потерпевший, который смотрел в телефон на улице, тоже виноват. Потерпевший заявил, что если я не оплачу расходы, он подаст против меня гражданский и уголовный иски. Что мне делать?	약속 시간에 늦어 저 멀리서 켜진 신호등의 녹색불을 보고선 차도로 건너다 인도로 뛰어들었습니다. 하지만 버스 정류장에서 버스를 기다리며 핸드폰을 보고 있던 사람과 실수로 부딪히며 그 사람이 핸드폰을 떨어뜨렸고, 핸드폰의 액정이 깨졌습니다. 피해자는 핸드폰 수리비용에 대해 100% 손해배상을 해달라고 말했지만, 저는 길에서 핸드폰만 본 피해자에게도 과실이 있다고 생각합니다. 피해자는 100% 배상을 안 해주면 형사 고소 및 민사소송을 제기한다고 합니다. 저는 어떻게 해야 할까요?

Консультация	자문내용
В этом случае нет состава уголовного преступления. Человека можно наказать по статье «Ущерб имуществу», если у него был умысел, а ущерб, нанесенный непреднамеренно, не является предметом уголовного наказания.	형사상으로는 문제되지 않습니다. 형사상 재물손괴죄는 고의범만을 처벌하므로, 과실로 인한 재물손괴는 형사처벌의 대상이 아닙니다.
Но по статье 750 Гражданского кодекса для принятия заявления на получение компенсации за правонарушение (деликт), должны соблюдаться следующие условия: ① намерение или неумышленное действие; ② посягательство; ③ противоправность; ④ возникновение ущерба; ⑤ причинная связь между ущербом и посягательством	민사상으로는 민법 750조에 따른 손해배상이 문제될 수 있습니다. 민법 750조에 따른 불법행위로 인한 손해배상청구가 인정되기 위해서는, ① 고의 또는 과실이 있을 것 ② 가해행위가 있을 것 ③ 위법성이 있을 것 ④ 손해가 발생할 것 ⑤ 손해와 가해행위 사이에 인과관계가 있을 것을 요합니다.
Рассматриваемый случай удовлетворяет всем этим условиям, и нарушитель несет ответственность за ущерб, нанесенный телефону пострадавшего.	사안에서는 위 요건을 모두 충족하므로, 가해자는 피해자의 핸드폰이 파손된 것에 대해 손해배상할 책임이 있습니다.

Но при наличии неосторожности со стороны потерпевшего нарушитель может требовать взаимного погашения ущерба. Нужно определить пропорцию неосторожности обеих сторон, рассмотрев конкретную ситуацию.	다만 피해자의 과실이 있는 경우, 가해자는 과실상계를 주장할 수 있는데, 손해배상에 있어서 과실상계를 하려면 구체적 정황에 따른 과실 비율을 따져야 합니다.
1) Если имущество было повреждено, когда нарушитель и потерпевший столкнулись друг с другом на дороге, то со стороны потерпевшего наблюдается неумышленное действие, которое заключается в том, что он был невнимателен, передвигаясь по дороге. Тогда нарушитель может требовать взаимного погашения расходов.	1) 피해자와 가해자가 서로 걸어가다가 부딪혀서 물건이 훼손된 경우라면, 피해자에게도 전방주시의무를 소홀히 한 과실이 있다고 주장할 수 있고, 이 경우 과실상계가 가능하겠지만,
2) Но в вышеуказанном случае потерпевший только стоял (не передвигался по дороге) и смотрел в телефон на остановке, а нарушитель сходил с дороги на тротуар и задел потерпевшего за руку, и поэтому телефон упал вниз и повредился. В этом случае отсутствует неумышленное действие со стороны потерпевшего.	2) 위 사례 같은 경우에는, 피해자가 버스정류장에서 서서 핸드폰을 보고 있었는데, 가해자가 차도에서 인도로 뛰어올라오면서 손을 쳤고, 그래서 피해자의 핸드폰이 훼손된 것으로, 피해자한테는 과실이 없다고 볼 수 있습니다.

Конечно, если рассматривать ситуацию с позиции нарушителя, то несомненно он захочет разобрать обстоятельства при столкновении, чтобы выявить, существует ли неумышленное действие со стороны потерпевшего. Это можно проверить через систему видеонаблюдения.	즉, 구체적 정황이 버스정류장이고, 정지된 상태에서 핸드폰을 보고 있었으므로 과실이 없다고 볼 수 있습니다. 물론 부딪혔을 때의 상황에 대해 다투고자 한다면 피해자의 주장에 대해 CCTV를 통해서 확인해 볼 필요는 있습니다.
Компенсация ущерба — денежное возмещение только в размере реального ущерба, то есть оплачиваются расходы на ремонт, указанные в счёте.	다만 손해배상은 현실적으로 발생한 손해에 대해서만 금전배상하는 것이므로, 실제로 발생한 수리비 영수증을 첨부하면 그 금액에 대해서만 배상해주면 됩니다.

Словарь	
러시아어	법률용어
пешеходный переход	횡단보도
автомобильная дорога	차도
тротуар (пешеходная дорога)	인도
автобусная остановка	버스 정류상
мобильный телефон	핸드폰
экран	액정
потерпевший	피해자
плата за ремонт	수리비용
компенсация ущерба	손해배상
уголовное преследование	형사고소
предъявление иска	민사소송 제기
по Уголовному кодексу	형사상
порча чужого имущества	재물손괴
умысел	고의

уголовное наказание	형사처벌
по Гражданскому кодексу	민사상
гражданское право	민법
противоправное действие (правонарушение)	불법행위
посягательство	가해행위
противоправность	위법성
причинная связь	인과관계
случай (дело)	사안
удовлетворение	충족
повреждение	파손
нарушитель	가해자
конкретная ситуация	구체적 정황
пропорция (соотношение) неосторожности	과실비율
обязанность быть внимательным, передвигаясь по дороге	전방주시의무
в реальности	현실적
денежная компенсация	금전배상
прилагать чек (счет)	영수증 첨부
денежная сумма	금액
возмещение (компенсация)	배상

6. 명예훼손 및 초상권 침해
Использование изображения человека без его согласия и порочение чести

Ситуация	상담사례
Я встретил девушку, с которой познакомился по интернету. Но я разочаровался, потому что она совсем другая в реальности по сравнению с фотографией. Я обвинял себя в том, что поверил фотографии. Возвратившись домой, я поместил её настоящую фотографию и фотографию, которая была в интернете, в социальной сети. Также я написал «Совсем не такая, как на фотографии. Это обман». Но через некоторое время она увидела мою страницу и сказала, что подала заявление в полицию об использовании изображения человека без его согласия. Что мне делать?	인터넷으로 알게 된 한 미인의 여성분과 실제로 만나게 되었습니다. 하지만 실물은 인터넷으로 봐왔던 사진과는 너무나도 동떨어진 사람이었기에 너무나 실망스러웠습니다. 인터넷 사진을 믿은 자신을 자책하며, 집으로 와 그분의 실물사진과 인터넷상의 사진을 비교하여, "사진과는 너무나도 다른 그녀. 사기 수준이다"라고 개인 SNS에 글을 올렸습니다. 그리고 몇시간이 지나지 않아, 그 여성분이 제가 올린 글을 보고서는, 초상권 침해로 경찰에 신고하였다고 합니다. 저는 어떻게 해야 하나요?

Консультация	자문내용
В таком случае придётся нести гражданскую и уголовную ответственность.	사안의 경우 형사상 그리고 민사상 책임을 져야 할 것으로 보입니다.
Во-первых, в Уголовном кодексе нет статьи «Использование изображения человека без его согласия». Но в случае если человек распространил в интернете факты о другом человеке, ложные или истинные, в результате чего имя другого человека было опорочено, его можно привлечь к ответственности за распространение в интернете сведений, порочащих имя. В случае распространения сведений, порочащих имя, если пострадавший выразит отсутствие желания наказать виновного, суд не может его наказать. Поэтому виновному лучше договориться с пострадавшим. Если виновный не сможет договориться, он может получить наказание по Уголовному кодексу максимум в виде штрафа.	우선 형법상 초상권 침해죄는 없습니다. 하지만 인터넷상에 공공연하게 사실 혹은 허위의 사실을 적시하여 사람의 명예를 훼손한 경우에는, 정보통신법상 명예훼손죄에 해당합니다. 명예훼손죄는 반의사불벌죄로서, 피해자가 처벌을 원하지 않는다는 의사를 표명하면, 처벌할 수 없습니다. 따라서 피해자와 형사합의를 보는 것이 좋습니다. 합의가 안 될 경우에는, 사안의 경중에 따라 기소유예에서부터 벌금형까지도 받을 수 있습니다.

По Гражданскому кодексу пострадавший требует компенсации за моральный ущерб, полученный в результате использования изображения человека без его согласия. Согласно прецедентам, в которых произошло взыскание компенсации, сумма компенсации была разной — от 4 млн до 20 млн вон. Если дело будет передано в суд, это может принести психологические и финансовые издержки, поэтому лучше договориться с пострадавшим.	민사상으로는 피해자가 초상권 침해를 이유로 한 정신적 손해에 대해 손해배상청구를 할 수 있습니다. 초상권 침해를 이유로 손해배상청구가 인용된 판례들을 보건대, 400만원에서 2000만원까지 그 손해액이 다양합니다. 사안의 경중에 따라 배상액에 차이는 있으나, 소송으로 이어질 경우, 정신적, 경제적 부담감이 커지므로 이 역시 합의를 통해 적정선에서 해결하는 것이 바람직합니다.
Наконец, виновный выплачивает компенсацию и обеими сторонами подписывается документ, который подтверждает, что виновный не будет привлекаться к уголовной или гражданской ответственности.	결론적으로, 피해자에게 소정의 합의금을 지급하고, 민형사상 책임을 더 이상 묻지 않기로 하는 합의서를 작성하여 원만하게 해결하는 것이 좋습니다.

Словарь	
러시아어	법률용어
интернет	인터넷
в реальности (на самом деле)	실제로
настоящее лицо	실물
фотография	사진
самоосуждение	자책
обман (ложь)	사기
личный	개인

социальная сеть	소셜 네트워크 서비스
использование изображения человека без его согласия	초상권 침해
заявить (позвонить) в полицию	경찰에 신고
гражданская ответственность	민사상 책임
открыто; публично	공공연하게
факт (правда)	사실
распространение ложных фактов	허위사실 적시
порочение чести	명예훼손
Закон об информации и коммуникациях	정보통신법
преступление, за которое виновный не наказывается, если потерпевший выразит отсутствие желания наказать	반의사불벌죄
потерпевший	피해자
наказание	처벌
волеизъявление	의사표시
выражение	표명
договорённость	합의
отсрочка (откладывание) судебного дела	기소유예
наказание в виде штрафа	벌금형
по Гражданскому кодексу	민사상
моральный ущерб	정신적 손해
заявление о возмещении ущерба	손해배상청구
по судебному прецеденту	판례에 따라
сумма ущерба	손해액
сумма возмещения	배상액
финансовое бремя	경제적 부담
приемлемый предел	적정선
решение	해결
в заключение, наконец	결론적
небольшая сумма	소정
выплата	지급
письменное соглашение	합의서
благополучно (полюбовно)	원만하게 (호의적으로)

제 3 편

부록

법률용어 및 소장 양식

1. 법률용어
2. 소장 양식

1. 법률용어

가격	стоимость
가사조사	обследование семьи
가입, 등기	регистрация
가족관계	состав семьи
가해	акт насилия, посягательство
가해자	нарушитель
가해행위	посягательство
간병	больничная сиделка
간통	супружеская измена
감정	чувства (эмоции)
강압	давление, принуждение
강제추행	непристойное действие посредством угроз или применения силы
강제출국명령	приказ о депортации, ордер на высылку
강제퇴거명령	приказ о принудительном выдворении из страны
개인	личный
개종	переход в другое вероисповедание (веру)
거부	отказ
거절당하다	получить отказ

거절하다	отказать
거주	место проживания
거짓, 허위	ложь
거짓증거	ложные доказательства
건강상태	состояние здоровья
건물	здание
검사	прокурор
검지	указательный палец
검찰	следствие, прокуратура, обвинение
검토	рассмотрение
검토하다	рассматривать, проверять
결론적으로	в заключение, наконец
결점(흠)	дефект
결점(흠)	неполадки
결혼, 혼인	брак (бракосочетание)
결혼생활을 영위하다	вести семейную жизнь
경미하다	незначительный
경범죄	уголовный проступок (преступление, не представляющее большой общественной опасности)
경위	обстоятельства
경제사정	материальное положение
경제적 부담	финансовое бремя
경제적 비용	денежные (материальные) расходы
경제활동	хозяйственная деятельность
경중	тяжесть
경찰에 신고	заявить (позвонить) в полицию
계약	договор, контракт
계약 기간	срок договора
계약 기간 만료	окончание срока договора
계약 기간을 연장하다	продлевать срок договора

계약 기간을 위반하다	нарушить договорный срок
계약 만료	окончание срока
계약 해제	расторгнуть договор
계약금	задаток, первоначальный взнос/платёж
계약목적	цель сделки (договора)
계약에 따르면	по договору
계약을 갱신하다	продлевать договор
계약을 체결하다	подписать договор
계약을 해지/해제하다	расторгнуть договор/контракт
고객(의뢰인)	клиент
고문	пытка
고용노동부	Министерство труда
고의, 의도	намерение (умысел)
고의로	умышленно
고장(파손)	неисправность
고장난(파손된)	неисправный
고지	объявление (уведомление)
고지하다	сообщать (извещать)
공공연하게	открыто публично
공공의 안전	общественная безопасность
공동재산	совместное имущество
공무원	государственный служащий
공상처리	компенсация повреждений, полученных на работе
공소	обвинение
공소사실	фактическое основание обвинения
공소장	обвинительное заключение
공연성	открытость
공연성	публичность
공연히	публично
공장	завод

공제	вычет (отчисление)
공탁금	судебный депозит
공포심	боязнь
공포심	чувство страха
과실	неумышленное действие
과실비율	пропорция (соотношение) неосторожности
과실치사	неумышленное убийство
과정	процесс
관리자	заведующий, администратор
교리	догмат, канон, доктрина
교부	вручение (выдача)
교제	общение
교통사고	дорожно-транспортное происшествие (автомобильная авария)
교통의	дорожно-транспортный
구두경고	предупреждение в устной форме
구매자(매수인)	покупатель
구별	различие
구비	подготовка
구성요건	состав (преступления)
구성원	член
구속사유	основания для заключения под стражу
구청	администрация городского муниципального округа
구체적	конкретный (подробный)
구체적 정황	конкретная ситуация
구체적인	подробный
국가	государство
국가인권위원회	Государственная комиссия по правам человека
국적	гражданство

궁박, 경솔	малообеспеченность; невнимательность, легкомысленность, опрометчивость
권리	право
권유하다	предложить
귀국	возвращение на родину
규정	правило, устав
그 후에 (나중에)	впоследствии
근로계약서	трудовой договор
근로기준법상	по трудовому законодательству
근로복지공단	Корейская корпорация благосостояния трудящихся
근로자	рабочий
근로장부	трудовая книжка (журнал учёта посещаемости)
금고	лишение свободы
금액	сумма (денежная)
금액 조작	подделка суммы
금액(크기)	размер
금액, 값	цена
금전배상	денежная компенсация
급여명세서	расчётный листок по зарплате
기각	отказ (отклонение)
기각하다	отклонить
기간	срок
기간만료	истечение срока
기관	учреждение (орган)
기록	запись
기망, 사기	обман (ложь)
기망행위	обманные действия
기소	возбуждение уголовного дела
기소유예	отсрочка (откладывание) судебного дела

기여도	процент вклада
나이	возраст
난민	беженец
난민면접	собеседование на получение статуса беженца
난민불인정처분 취소소송	иск об отмене отказа в предоставлении статуса беженца
난민신청	заявление на получение статуса беженца
난민제도	система признания статуса беженца
난민지위	статус беженца
난방	система отопления
노동	труд
노동자	рабочий (работник)
노인	пожилой человек
녹음	аудиозапись
녹음파일	звуковая запись
뇌물	взятка
누수	утечка воды, протекание
다산콜센터	информационно-сервисный телефонный центр «Тасан»
답변	ответ
답변내용	содержание ответа
답변서	письменный ответ
당사자	сторона (лицо)
당원	член партии
대규모	большой (крупный) масштаб
대금	деньги
대략적인 운임	примерная стоимость проезда
대리인	представитель
대법원	Верховный суд
대응	реакция (поступок)

대항력	встречные права
도주	сокрытие (побег)
도주하다	убежать, скрыться
돈을 돌려받다	вернуть деньги
동기	повод
동료	коллега (товарищ)
동사무소	администрация городского района
둘러보면서(확인하면서)	при осмотре
마약범죄	преступление, связанное с наркотическими средствами
만료일	последний день срока
만취	состояние сильного опьянения
말일	последний день месяца
맞고소	встречное обвинение
매도	продажа
매매	продажа и покупка
매매가	цена (сумма) в договоре купли-продажи
매매계약	договор купли-продажи
매매계약 체결	заключение сделки купли-продажи
매매계약을 체결하다	заключить договор купли-продажи
매매대금	денежная сумма (в договоре) купли-продажи
매매목적물	объект (предмет) купли-продажи
매월 차임	помесячная выплата
매입, 구매	покупка
메시지	сообщение
면사무소	администрация волости
면접교섭권	право на общение с детьми после развода
면회	встреча
명시적으로	ясно
명예	честь

명예훼손	порочение чести
모국어	родной язык
모욕	оскорбление
모욕적	оскорбляющий
모욕적인	оскорбительный
목격진술서	показания об увиденном
목적물	объект
무능	неспособность
무분별	необдуманность
무임승차	неоплаченный проезд
무전숙박	неоплаченное проживание
무전취식	неоплаченное питание
무학문맹	необразованность и неграмотность
무혐의(의심을 받지 않는)	вне подозрений
무효한	недействительный
문제	вопрос, проблема
물권	вещное право
물기	влага
미란다원칙	правило Миранды
미성년자	несовершеннолетний (ребёнок)
미터기	счётчик (в такси)
민법	гражданское право
민법에 따르면	согласно Гражданскому кодексу
민사부	коллегия по гражданским делам
민사상	по Гражданскому кодексу
민사상 책임	гражданская ответственность
민사상/형사상 문제	повод для гражданского/уголовного разбирательства
민사소송법	Гражданский процессуальный кодекс
민사재판	суд по гражданским делам

민형사상	по Гражданскому и Уголовному кодексам
박해	преследование, притеснение, гонение
반격	отпор (отражение)
반대로(오히려)	наоборот
반대신문	встречный допрос
반복적으로	часто, неоднократно, раз за разом
반의사불벌죄	преступление, за которое виновный не наказывается, если потерпевший выразит отсутствие желания наказать
반전세	«Панджонсе», арендный контракт с помесячной оплатой и залогом
반정부	антиправительственный
반환	возвращение
받다(취득하다)	получать
발견	обнаружение
발견하다	обнаружить
발부	оформление (выдача)
발생	возникновение
발생하다	случаться, происходить
발언	высказывание, выступление
발언(발언하다)	высказывание (выражать словами)
방안	способ (решение)
배상	возмещение (компенсация)
배상액	сумма возмещения
버스 정류장	автобусная остановка
번복하다	переделывать, изменять
벌금	штраф
벌금형	наказание в виде штрафа
범죄	преступление
범죄사실	факт совершения преступления
범죄자	преступник

범죄행위	противоправное действие
법률상	по закону, юридически
법률에 따르면	согласно закону, следуя закону, по закону
법률적	правовой (юридический)
법률행위	юридическое действие
법무부	Министерство юстиции
법무부장관	министр юстиции
법적	юридический (правовой)
법적 쟁점	предмет судебного разбирательства
법적 효력	юридическая сила
법적분쟁	юридический конфликт
법적인 조치	применение законных мер
법정	зал суда
벽면 누수	протекает стена
변론	заседание
변론기일	день судебного заседания
변론재개신청	ходатайство о повторном судебном разбирательстве
변호사 보수	гонорар адвоката
변호사 비용	расходы на услуги адвоката
변호사(변호인)	адвокат (адвокат обвиняемой стороны защитник)
변호인	защитник (адвокат)
변호인조력권	право на защиту (получение помощи адвоката)
병원진단서	медицинская справка (диагноз)
보고서	доклад
보장하다(보장해주다)	обеспечить (кого-то чем-то)
보증금	залог
보증금 반환	выдача залога
보증금 증액	повышение залога

보충	добавление (дополнение)
보험	страхование
보험계약	договор страхования
보험회사	страховая компания
보호법익	охрана правовых ценностей
본국	родина
본안소송	первое слушание
부당이득	несправедливое обогащение
부당이득반환청구	иск о возврате неосновательного обогащения
부동산	недвижимость
부모교육	образовательная программа для родителей
부부	супруги
부작위	бездействие
부정	отрицание
부주의	невнимательность
불과	всего лишь (не более чем)
불균형	несоразмерность
불법	незаконность
불법단체	нелегальная организация
불법영득의사	намерение незаконно приобрести чужое имущество
불법체류	нелегальное проживание
불법행위	противоправное действие (правонарушение)
불법행위(법률위반)	правонарушение
불복	неподчинение (непослушание)
불안감	беспокойство
불이익	невыгода (что-то использовано против кого-то)

불출석	отсутствие (неявка)
불측	непредвиденный
불측 손해	непредвиденный ущерб
비공개	закрыто
비난(비방)	клевета — преступное распространение заведомо ложных сведений, порочащих кого-либо или что-либо
비용 총액	общая сумма расходов
비자	виза
뺑소니	сокрытие с места дорожно-транспортного происшествия
사건, 사안, 일	случай (дело)
사건번호	номер дела
사고 사실	факт аварии
사기죄	мошенничество
사법제도	судебная власть
사법체계	правовая система
사실	факт (правда)
사실을 숨기다	скрыть факт
사실조회	проверка фактов
사실조회회신	результаты проверки фактов
사업주	предприниматель
사유	причина (основание)
사유서	объяснительная записка
사이버 스토킹	киберсталкинг
사인 간의	межличностный
사장	директор
사전처분	предварительное распоряжение
사정	положение
사진	фотография
사형	смертная казнь

사회통념	социальная норма
산업재해	производственная травма (происшествие на работе)
산정	определение (оценивание)
상급자	вышестоящее лицо
상담	консультация
상대방	другая сторона (противоположная сторона)
상사	начальник
상속	наследование
상이한	несходный (различный)
상태	состояние (положение)
상해죄	преступление по статье «Нанесение телесных повреждений»
서류, 서면	документ
서명(체결)	подписание
서명(체결)하다	подписать
서울가정법원	Сеульский семейный суд
서울고등법원	Высокий суд Сеула
서울중앙지방법원	Суд сеульского центрального округа
서울행정법원	Сеульский административный суд
서증	письменное (документальное) доказательство
선서	клятва
설명	объяснение
성립되다	образовываться, возникать, квалифицироваться как, являться
성사	выполнение (достижение)
성적 수치심	сексуальный стыд
성적인	сексуальный
성폭력 범죄	преступление на сексуальной почве

성희롱	сексуальное домогательство
소비(지출)	затраты, расходы
소셜 네트워크 서비스	социальная сеть
소송	судебный иск; судебное дело; судебный процесс, судопроизводство
소송구조	право бедности (освобождение участника процесса от уплаты судебных издержек)
소송구조신청서	ходатайство об освобождении участника процесса от судебных издержек
소송사건	судебное дело
소송서류	исковой документ
소송제기	предъявление иска
소유	собственность
소유권	право собственности
소유자	собственник владелец
소장	состязательная бумага, исковое заявление
소재	место (местонахождение)
소정	небольшая сумма
소정의	небольшой
소환	вызов
소환하다	вызвать
속행	продолжение
손님	посетитель
손해	ущерб
손해발생	возникновение ущерба
손해배상	возмещение ущерба
손해배상의 수령	получение компенсации
손해배상금	денежная сумма возмещения ущерба (убытка)
손해배상청구	заявление на получение компенсации, заявление о возмещении ущерба

손해배상소송	иск о возмещении ущерба
손해액	сумма ущерба
송달	доставка
송달료	плата за доставку
송달하다	отправлять (доставлять)
수단	способ
수도관	водопровод, водопроводная труба
수령	получение (принятие)
수리(공사)	ремонт
수리비용	расходы на ремонт, плата за ремонт
수리비용을 지불(부담)하다	платить за ремонт
수리하다	ремонтировать
수배	розыск
수사단계	стадия расследования
수선 의무	обязанность провести ремонт
수수료	комиссия, комиссионные
수용	отчуждение
수임	поручение об оказании юридических услуг
수임료	плата за юридическую услугу
수임하다	поручать
수입인지(인지대)	гербовый сбор
수집하다	собрать
수치감	чувство стыда
술	алкоголь
숨김	сокрытие
습기	сырость
승객	пассажир
승계하다	наследовать
승무원	экипаж, бортпроводник

승소하다	выигрывать дело (в суде)
시기	ревность
시위	протест, демонстрация, митинг
시점	период
시청	администрация города (мэрия)
신고하다	заявлять
신뢰	доверие
신문	допрос
신문조사	расследование путём допроса
신빙성	достоверность
신청	заявление
신청인	заявитель
신청하다	заявлять, ходатайствовать
신체	тело
신체적 손해, 상해	телесное повреждение
신체접촉	телесное прикосновение (физический контакт)
실무상	на практике
실물	настоящее лицо
실제로, 현실적으로	в реальности (на самом деле)
쌍방	обе стороны
쌍빙폭행	драка насилие, в котором участвуют обе отороны
아파트에 대한 보증금	залог за квартиру
악용	злоупотребление
악화	ухудшение
압축기	компрессорный станок
액정	экран
약정	обещание
양육	воспитание детей
양육비	алименты (на воспитание детей)

양측 주장	мнения обеих сторон
어렵다	сложно
언론	пресса (средства массовой информации)
언사	речь (слово)
업무상과실치상죄	неумышленное нанесение телесных повреждений
여느(보통) 때와 같이	как обычно
여부	присутствие или отсутствие (да или нет)
연기	отсрочка (перенесение на более поздний срок)
연락처	контактный номер телефона
연장	продление
영수증 첨부	прилагать чек (счет)
영장실질심사	рассмотрение ходатайства об избрании мерой пресечения заключения под стражу по существу
예금	денежный вклад
완전히(전부)	полностью
외국	иностранное государство (зарубежные страны)
외국인 근로자	иностранный рабочий
외국인 등록	регистрация иностранных граждан
외국인등록번호	регистрационный номер иностранца
요건, 조건	условие
요구하다	потребовать
요양급여신청서	заявление на получение пособия на лечение
요지	краткое содержание
요청	просьба (требование)
욕설	ругательство
운전	вождение
운전자(택시기사)	водитель

원고	истец
원만하게(호의적으로)	благополучно (полюбовно)
원시적 불능인 계약	контракт изначальной невозможности исполнения
원칙적으로	как правило (в принципе)
원칙적인	принципиальный
월급	зарплата
월수입	месячный доход
위반	нарушение
위법성	противоправность
위장결혼	фиктивный брак
위증죄	лжесвидетельство
유무	наличие и отсутствие
유발	побуждение
유실물	утерянная вещь
유죄증거	доказательства виновности
유책배우자	виновная сторона в расторжении брака
유효한	действительный
음식	пища
음주상태	состояние алкогольного опьянения
음주운전죄	вождение в состоянии алкогольного опьянения
읍사무소	администрация города уездного подчинения
의견	мнение
의무	обязанность, обязательство
진단서	медицинское заключение
의무위반	нарушение обязанностей
의사	намерение, воля
의사 표현	изъявление желания
의사표시	волеизъявление

의사표시를 취소하다	отменить волеизъявление
의심	сомнение
의약(약품)	лекарство
이름	имя
이용	использование
이의신청서	заявление о несогласии
이익	благо, интерес, выгода
이익을 목적으로 하는	корыстный
이혼	расторжение брака (развод)
이혼신청	исковое заявление о расторжении брака
이혼의사	намерение расторгнуть брак
인과관계	причинная связь, причинность
인도	передача
인도	тротуар (пешеходная дорога)
인수	приём
인식	осознание (понимание)
인용하다	ссылаться (приводить (данные))
인적사항	персональные данные
인정	признание
인정신문	установление личности
인정제도	система признания
인종	раса
인터넷	интернет
일반가사조사명령	приказ об общем обследовании семьи
일반당원	обычный (рядовой) член
일부	часть
일실수익	потерянная прибыль
임금	заработная плата
임금 청구	иск о взыскании невыплаченной заработной платы
임대	аренда

임대인	арендодатель
임대차 계약	арендный договор
임대차 기간	срок договора аренды
임차목적물	объект аренды
임차인	арендатор
입증	подтверждение (доказательство)
입증계획	план доказывания
입증하다	подтверждать (доказывать)
입증하다(증명하다)	доказать
자격	право (разрешение)
자국	своя (родная) страна
자국공항	аэропорт своей страны
자국정부	правительство своей страны
자동차종합책임보험	комплексное страхование автомобиля
자력	материальные возможности
자백	признание
자책	самоосуждение
자해	членовредительство
작성	заполнение
잔금	часть денег
장래	будущее
재물손괴	порча чужого имущества
재물손괴죄	порча (повреждение) имущества
재산	имущественное положение (имущество)
재산분할	раздел имущества
재산분할 대상	объект раздела имущества
재산분할청구권	право требования раздела имущества
재입국	повторный въезд
재판 절차	судебная процедура
재판, 법원	суд (судебное решение)

재판부	судебная коллегия
쟁점	спор (вопрос)
적시	замечание
적시하다	указывать на что-либо (здесь = разглашать)
적용법조	статья, по которой предъявляется обвинение
적정선	приемлемый предел
적합한	соответствующий, надлежащий
전과자	бывший осуждённый
전방주시의무	обязанность быть внимательным, передвигаясь по дороге
전부의	весь
전세	арендный договор с уплатой залога за весь срок проживания
전세권	«чонсегвон», право на зарегистрированный арендный договор на основе депозита
절단	отрезание, обрубание, ампутация
절도	кража
절차	процедура (процесс)
점유	присвоение
점유이탈물횡령	присвоение вещи, вышедшей из владения собственника
접근금지명령	закон о запрете на приближение
정기건강검진	регулярный медицинский осмотр
정당	партия
정당방위	самозащита (необходимая оборона)
정보보호	защита информации
정보통신망	информационно-коммуникационная сеть
정보통신법	Закон об информации и коммуникациях
정부	правительство

정부기관	государственный орган
정신검진	оценка психического состояния
정신병원	психиатрическая клиника
정신적	психологический, моральный
정신적 손해	моральный ущерб
정신적 스트레스	психологический стресс
정신적/신체적 피해	моральный/физический ущерб
정신질환	психическое расстройство (болезнь)
정착하다	останавливаться
정치적	политический
정치적 견해	политическое убеждение
정치적 활동	политическая деятельность
제거	устранение
제공	предоставление
제시	предъявление
제안	предложение
제출하다, 제기하다	предъявлять
조력, 도움	помощь
조사(심사)	расследование
조서	протокол (акт)
조언	совет
조절하다	контролировать
조정기일	день арбитража
종결	завершение, закрытие (окончание)
종결하다, 끝내다	завершать
종교	вероисповедание, вера, религия
종류	вид
종종	часто
좋지 않은(부정적인)	отрицательный
죄명	название преступления

주거	жилой дом (жилище)
주거지	место (адрес) проживания
주거침입죄	незаконное вторжение в жилище
주관적	субъективный
주량	норма употребления спиртных напитков
주류	основное течение
주먹다짐	драка
주민등록번호	номер регистрации постоянного жителя
주소지	адрес
주인	хозяин
주장	настояние (утверждение)
주택	квартира (жилище)
준비서면	письменное заявление
중개	посредничество
중개 수수료	комиссионные за посредничество
중개료	плата за посредничество
중개인	посредник, риелтор
중개하다	посредничать
중고 자동차	подержанная машина
중도금	последующий (промежуточный) взнос/платёж
중징계	дисциплинарное взыскание
증거	доказательство, свидетельство, улика
증거물	вещественное доказательство, улики
증거신청	ходатайство о приобщении к делу доказательств
증거제출	предъявление доказательств
증거조사	рассмотрение доказательств
증거조사결과	результаты рассмотрения доказательств
증거확보	сбор доказательств
증명서 발급	выдача свидетельства

증명책임	бремя доказывания (доказательства)
증언	свидетельство
증여	преподнесение (подарок)
증인	свидетель
증인신문	допрос свидетеля
증인신문절차	ход/процедура допроса свидетеля
지갑	кошелёк (бумажник)
지급	выплата
지급하다	выплачивать (выдавать)
지배관리영역	сфера ответственности хозяина
지불	оплата, уплата, выплата, расчёт
지불능력	платёжеспособность
지불을 거절하다	отказаться платить
지불의사	намерение платить
지불하다	оплатить
지위	статус
지출	материальные расходы
지하철	метро
직권	полномочие
직업	профессия, род занятий
직원	сотрудник
직장	место работы
진단서	диагноз
진술	показания (изложение)
진술거부권 = 묵비권	право хранить молчание = право на отказ от дачи показаний
진술하다	излагать
진실	правда
진정서	докладная записка
진행	проведение (процесс)
질투	зависть

집	жилье
집회	митинг
징역	тюремное заключение
차도	автомобильная дорога
차량	сухопутное средство передвижения/перевозки (автомобиль, вагон)
차량번호	номер машины
차이	разница
차임	плата за аренду
착오	просчёт (ошибка), заблуждение
참여	участие
채권법	обязательственное право
채권자	кредитор
채무	долг (обязательство), долговые обязательства
채무변제	выплата долга
채무불이행	нарушение долговых обязательств
채무불이행	невыполнение обязательств
채무자	должник
채택	принятие (выбор)
책임	ответственность
처벌	наказание
처벌법	закон о наказании
처분	передача, распоряжение
첨부	приложение
첫 번째(임대차) 보증금	первоначальный залог за аренду квартиры
첫 번째(임대차) 존속기간	первоначальный срок (арендного договора)
청구	претензия
청구, 요구, 요청	требование (заявление)

청구내용	содержание заявления
체결	заключение
체류	пребывание
체류기간	срок пребывания
체류기간연장 등 불허결정통지서	извещение об отказе в продлении срока пребывания
체류기간연장신청	заявление на продление срока пребывания
체류자격	визовый статус (право на пребывание)
체류자격	право на пребывание
체포	задержание, арест
체포영장	ордер на арест
초범	первое преступление
초상권 침해	использование изображения человека без его согласия
촉진	поддержка, содействие развитию, обеспечение
최종의견	окончательное мнение (решение)
최종학력	уровень образования
추가	добавление
추가적	дополнительно
추방	депортация (изгнание)
출국	выезд из страны
출석	присутствие (явка)
출입국 관리사무소	иммиграционная служба
출입국관리법	Закон об иммиграционном контроле
출장	командировка, деловая поездка
충족	удовлетворение
취득	приобретение (получение)
취소	отмена
취소소송	иск об отмене (чего-либо)
취지	суть (смысл)

치료비용	расходы (затраты) на лечение
친권	родительские права
친인척	родственники
침입자	вторгшийся; проникший
침해	посягательство (нарушение)
타인	другое лицо (другой человек)
타인권리	право другого лица
타인권리매매	продажа и покупка права другого лица
택시를 잡다	поймать такси
택시요금(운임)	плата за проезд
토지	земля (земельный участок)
통보	осведомление
통상적으로, 관례적으로	обычно, по обычаю
통역	устный перевод
통역료	плата за перевод
통역인	переводчик
특유의	присущий (свойственный кому/чему)
특정 정당/단체 가입	принадлежность к определённой политической партии или организации
특정사회집단	определённая социальная группа
특정성	конкретизированность
틈새	щель, узкое место
파손(손상, 수리가 필요한 영역)	повреждение
파탄	крах, разрушение
판결	решение суда (осуждение)
판결문	решение суда в письменной форме
판결문	письменное решение суда
판결선고기일	дата вынесения решения суда
판단	решение (суждение)
판례	судебный прецедент

판례에 따라	по судебному прецеденту
판매자(매도인)	продавец
판사	судья
판시, 판단	решение/определение суда
편취하다	отбирать обманом
평온	спокойствие, покой
폭력, 폭행, 폭행죄	насилие
폭력행사	применение насилия
폭행죄	преступление по статье «Насилие»
표명	выражение
피고	ответчик
피고인	обвиняемый (подсудимый)
피기망자	обманутый
피신	избежание
피신조서	протокол ознакомления (обвиняемого или защитника)
피의사실 요지	факт подозрения
피의자	подозреваемый
피폐	обеднение (истощение)
피해자	потерпевший
하자	недостаток (дефект)
하지만 ~ 경우에는	но в том случае если
합법적 체류	законное пребывание
합법적으로	легально (законно)
합의	соглашение, договорённость
합의를 보다	прийти к (мировому) соглашению
합의서	документ о договорённости, письменное соглашение
합의하다	договариваться
합의해지	расторжение договора по соглашению
항목	пункт

항소	апелляция (обжалование)
항소법원	апелляционный суд
항소장	апелляционная жалоба
해결	решение
해결방법	способ решения
해결하다	разбираться
해고	увольнение
해당	подходящий (соответствующий)
해당하다	подходить, соответствовать, подпадать
해악	вред (вредное влияние)
해제, 해지	расторжение (отмена)
해제, 해지하다	расторгнуть
핵심 쟁점	главный вопрос
핸드폰	мобильный телефон
행정소송	административный судебный процесс
행정처분	административное распоряжение
허위사실 적시	распространение ложных фактов
협력	сотрудничество, объединение усилий
협박, 위협	угроза
협박죄	запугивание
협의	соглашение (договор)
협의이혼	развод по обоюдному согласию
협의이혼의사확인절차	процедура подтверждения намерения супругов расторгнуть брак по обоюдному согласию
형량	мера осуждения (наказания)
형벌의 종류	виды наказания
형법	Уголовный кодекс
형법상	по Уголовному кодексу
형법상 또는 민사상 책임을 묻다	ходатайствовать о привлечении к уголовной или гражданской ответственности

형사고소	уголовное преследование
형사부 재판	судебная коллегия по уголовным делам
형사소송	уголовный процесс
형사적 쟁점	спор в рамках уголовного дела
형사처벌	уголовное наказание, уголовная ответственность
형식상	формально
화재	пожар
화해	примирение
확정일자	установленная дата
회사	компания
횡단보도	пешеходный переход
효력	действие (сила)
후발적 불능 계약	договор последующей невозможности исполнения
후송	госпитализация
후유증	последствия, осложнения (после чего-либо)
훔치다	воровать (красть)
훨씬 많이	намного больше/выше
훼손	дискредитация
(계약을) 체결하다	заключить
(누구를) 고소하다	заявить на кого-либо
(재산을) 만들다	нажить (заработать)
~가 없는 것	отсутствие
~불문하고	независимо от
~에 관계 없이	независимо
~에 손해를 입히다	повреждать
~와 같은	в виде
~의 결과	в результате
~의 명의로 등록하다	регистрировать на имя кого-либо

~의 잘못으로	по вине
~의 지위	статус лица
~조, 조항	статья
~조건에 따라	в зависимости от условий чего-либо
~조에 따르면	по статье, согласно статье

2. 소장 양식

(1) 대여금 청구의 소

소 장

원 고   (-   )

　　　　　　소송대리인 변호사

피 고   (-   )

대여금 청구의 소

청 구 취 지

1. 피고는 원고에게   원 및 이에 대한 이 사건 소장 부본 송달 다음날부터 다 갚는 날까지 연 15%의 비율에 의한 금원을 지급하라.
2. 소송비용은 피고가 부담한다.
3. 제1항은 가집행 할 수 있다.
　　라는 판결을 구합니다.

청 구 원 인

1. 금원의 대여

원고는 201_. _. __. 변제기를 201_. _. __.로 하여 __만원을 피고에게 현금으로 대여하여 주었습니다(갑 제1호증 차용증).

2. 결 론

그렇다면 피고는 원고에게 위 금원인 __만원 및 이에 대하여 이 사건 소장 부본 송달 다음날부터 다 갚는 날까지 소송촉진등에관한특례법 소정의 연 15%의 각 비율에 의한 지연손해금을 지급할 의무가 있습니다.

입 증 방 법

1. 갑 제1호증   차용증

첨 부 서 류

1. 위 입증방법   1통
1. 납입서   1통
1. 소장부본   1통
1. 소송위임장   1통

201_. _. _.

원고 소송대리인

서울 _ _ 지방법원 귀중

(2) 임금청구의 소

소 장

원 고   (-   )

        소송대리인 변호사
피 고   (-   )

임금 청구의 소

청 구 취 지

1. 피고는 원고에게 2,000,000원 및 이에 대한 201-. -. -.부터 다 갚는 날까지 연 15%의 비율에 의한 금원을 지급하라.
2. 소송비용은 피고가 부담한다.
3. 제1항은 가집행 할 수 있다.
   라는 판결을 구합니다.

청 구 원 인

1. **근로계약 및 근로의 제공**
   원고는 '_____'라는 상호로 __업을 운영하는 피고에게 고용되어 201_. _. __.부터 201_. _. __.까지 취재 기자로서 근로를 제공하였습니다.

2. 임금 체불사실

피고는 원고의 201_. _. 임금 2,000,000원을 현재까지 지급하지 않고 있습니다(갑 제1호증 체불임금등·사업주확인서).

3. 결 론

그렇다면 피고는 원고에게 2,000,000원 및 이에 대한 원고 퇴직일로부터 14일이 경과한 다음날인 201_. _. _.부터 다 갚는 날까지 근로기준법 소정의 연 20%의 비율에 의한 지연손해금을 지급할 의무가 있습니다.

입 증 방 법

1. 갑 제1호증   차용증

첨 부 서 류

1. 위 입증방법   1통
1. 소장부본   1통
1. 소송위임장   1통
1. 납입서   1통

201_. _. _.

원고 소송대리인

서울 _ _ 지방법원 귀중

(3) 난민불인정결정처분에 대한 취소소송

소 장(Complaint)

원고 Name in Korean _____
(Plaintiff)
    Name in English _____
    (Family name, First name)

    Alien Registration No. or Date of Birth(YY-MM-DD) _____

    주소 Address _____

    송달장소 Address for Delivery _____

    전화번호 Telephone No(Mobile phone No) _____

피고 서울출입국관리사무소장(The Chief of Seoul Immigration Office)
(Defendant)

난민불인정처분취소 청구의 소
(Complaint against the Chief of SIO's decision to deny the refugee status)

청 구 취 지(Purport of the Claim)

1. 피고가 20___ . ___ . ___ . 원고에 대하여 한 난민불인정처분을 취소
    (Year)(Month)(Day) **(Date on Refusal Notice of Refugee Status)**
  한다. (To revoke the **Chief of SIO's** decision to deny the refugee status)

2. 소송비용은 피고의 부담으로 한다.
    라는 판결을 구합니다. (The cost of litigation be borne by the defendant)

청 구 원 인(Cause of the Claim)

1. 원고가 20__ . __ . __ . 인종, 종교, 국적, 특정사회집단의 구성원 신분
   (Date of Departure from Home Country)
   또는 정치적 의견을 이유로 박해를 받을 수 있다는 우려로 인하여 원고의 출신국인
   _____에서 출국하여 20__ . __ . __ . 대한민국에 입국하였습니다.
   (Name of Home Country) (Date of Arrival in Korea)
   (The plaintiff departed his/her home country and entered Korea because of growing concern that he/she may face intense persecution due to religious, national, or political views)

2. 원고는 대한민국에 입국한 이후 20__ . __ . __ . 피고에게
   (Date of Refugee Application)
   난민인정에 관한 신청을 하였으나, 피고는 20__ . __ . __ . 원고에게
   (Date on Refusal Notice of Refugee Status)
   난민불인정결정을 하여, 위 난민불인정통지서는 20__ . __ . __ .
   (Date on Refusal Notice of Refugee Status Received)
   원고에게 도달하였습니다.
   (The plaintiff filed an application for refugee status, but the Chief of SIO refused to grant such status and the plaintiff received the refusal notice)

3. 그리하여 원고는 20__ . __ . __ . 법무부장관에게 위 난민불인정처분에
   (Date of Appeal Application)
   대하여 이의신청을 하였으나, 법무부장관은 20__ . __ . __ . 원고에게 이의
   (Date on Disapproval Notice on Appeal)
   신청에 대한 기각결정을 하였고, 위 이의신청에 대한 결정통지서는
   20__ . __ . __ . 원고에게 도달하였습니다.
   (Date on Disapproval Notice on Appeal Received)
   (The plaintiff subsequently filed a formal objection, but once again it was denied)

4. 그러나 원고는 난민인정 심사절차에서 신청사유로 주장하였던 것과 같은 이유로
   박해를 받을 우려가 있어 _____ 으로 귀국할 수 없는 상황입니다.
   (Name of Home Country)
   (However, due to concern of possible persecution, the plaintiff is simply unable to return to his/her home country)

5. 그렇다면 원고는 출입국관리법 제2조 제2호의2에서 말하는 난민에 해당하므로, 피고가 20__ . __ . __ . 원고에 대하여 한 난민불인정처분은 위법, 부당하여
(Date on Refusal Notice of Refugee Status)
취소되어야 할 것입니다.
(That is, the plaintiff is a legitimate asylum seeker under Immigration Control Law 2.2(2), and therefore the Chief of SIO's decision, which is unlawful and unjust, should be revoked)

입 증 방 법**(Method of Proof)**

1. 갑 제 1호증

첨 부 서 류**(Attached Documents)**

1. 위 각 입증방법 각 1부. (A copy of the adove mentioned proving method)
1. 송달료 납부서   1부. (A copy of the receipt of delivery fee payment)
1. 소장 부본   1부. (A copy of the duplicate of a complaint)

20__ . __ . __ .

원고 _____ (Signature)
(Plaintiff)   **(Name in full)**

서울행정법원   귀중

(4) 형사 고소장

고 소 장

(고소장 기재사항 중 * 표시된 항목은 반드시 기재하여야 합니다.)

1. 고소인*

성 명 (상호·대표자)		주민등록번호 (법인등록번호)	-
주 소 (주사무소 소재지)	(현 거주지)		
직 업		사무실 주소	
전 화	(휴대폰)　　　　(자택)		(사무실)
이메일			
대리인에 의한 고소	☐ 법정대리인 (성명 :　　　　　, 연락처　　　　) ☐ 고소대리인 (성명 : 변호사　　　, 연락처　　　　)		

※ 고소인이 법인 또는 단체인 경우에는 상호 또는 단체명, 대표자, 법인등록번호(또는 사업자등록번호), 주된 사무소의 소재지, 전화 등 연락처를 기재해야 하며, 법인의 경우에는 법인등기부 등본이 첨부되어야 합니다.

※ 미성년자의 친권자 등 법정대리인이 고소하는 경우 및 변호사에 의한 고소대리의 경우 법정대리인 관계, 변호사 선임을 증명할 수 있는 서류를 첨부하시기 바랍니다.

2. 피고소인*

성 명		주민등록번호	-
주 소	(현 거주지)		
직 업		사무실 주소	
전 화	(휴대폰)	(자택)	(사무실)
이메일			
기타사항			

※ 고소인과의 관계 및 피고소인의 인적사항과 연락처를 정확히 알 수 없을 경우 피고소인의 성별, 특징적 외모, 인상착의 등을 구체적으로 기재하시기 바랍니다.

3. 고소취지*

(죄명 및 피고소인에 대한 처벌의사 기재)

고소인은 피고소인을 ○○죄로 고소하오니 처벌하여 주시기 바랍니다.*

4. 범죄사실*

※ 범죄사실은 형법 등 처벌법규에 해당하는 사실에 대하여 일시, 장소, 범행 방법, 결과 등을 구체적으로 특정하여 기재해야 하며, 고소인이 알고 있는 지식과 경험, 증거에 의해 사실로 인정되는 내용을 기재하여야 합니다.

5. 고소이유

※ 고소이유에는 피고소인의 범행 경위 및 정황, 고소를 하게 된 동기와 사유 등 범죄사실을 뒷받침하는 내용을 간략, 명료하게 기재해야 합니다.

6. 증거자료

(■ 해당란에 체크하여 주시기 바랍니다)

☐ 고소인은 고소인의 진술 외에 제출할 증거가 없습니다.
☐ 고소인은 고소인의 진술 외에 제출할 증거가 있습니다.
☞ 제출할 증거의 세부내역은 별지를 작성하여 첨부합니다.

7. 관련사건의 수사 및 재판 여부*

(■ 해당란에 체크하여 주시기 바랍니다)

① 중복 고소 여부	본 고소장과 같은 내용의 고소장을 다른 검찰청 또는 경찰서에 제출하거나 제출하였던 사실이 있습니다 ☐ / 없습니다 ☐
② 관련 형사사건 수사 유무	본 고소장에 기재된 범죄사실과 관련된 사건 또는 공범에 대하여 검찰청이나 경찰서에서 수사 중에 있습니다 ☐ / 수사 중에 있지 않습니다 ☐

③ 관련 민사소송 유무	본 고소장에 기재된 범죄사실과 관련된 사건에 대하여 법원에서 민사소송 중에 있습니다 □ / 민사소송 중에 있지 않습니다 □

※ ①, ②항은 반드시 표시하여야 하며, 만일 본 고소내용과 동일한 사건 또는 관련 형사사건이 수사·재판 중이라면 어느 검찰청, 경찰서에서 수사 중인지, 어느 법원에서 재판 중인지 아는 범위에서 기타사항 난에 기재하여야 합니다.

8. 기타

(고소내용에 대한 진실확약)

본 고소장에 기재한 내용은 고소인이 알고 있는 지식과 경험을 바탕으로 모두 사실대로 작성하였으며, 만일 허위사실을 고소하였을 때에는 형법 제156조 무고죄로 처벌받을 것임을 서약합니다.

2007년   월   일*

고소인 _____ (인)*

제출인 _____ (인)

※ 고소장 제출일을 기재하여야 하며, 고소인 난에는 고소인이 직접 자필로 서명 날(무)인 해야 합니다. 또한 법정대리인이나 변호사에 의한 고소대리의 경우에는 제출인을 기재하여야 합니다.

○○경찰서 귀중

※ 고소장은 가까운 경찰서에 제출하셔도 됩니다.

〈참고 문헌〉

「한국 사법 통역 제도에 관한 재고」, 류현주

『난민사건 법정통역인 안내문』, 서울행정법원

『누워서 읽는 법학 – 민사법Ⅰ』, 변호사 김해마루

『법정 통역인 편람(러시아어)』, 서울법원행정처

『누워서 읽는 법학 – 형사법Ⅰ』, 변호사 김해마루

『통번역을 위한 외국어 경찰용어집 – 러시아어편』, 2013, 경찰청

『난민재판의 이해』, 서울행정법원

예비 사법통역사와 주한 러시아어권 외국인을 위한
러시아어 사법통역과 생활법률

초판 1쇄 발행 2018년 03월 07일
초판 2쇄 발행 2019년 06월 14일

지은이 고민석
감수 박희수, 강라나, 이찬웅

펴낸이 김선명
펴낸곳 뿌쉬낀하우스
편집 김영실, Evgeny Shtefan, 정민체
디자인 박은비
주소 서울시 중구 동호로 15길 8, 리오베빌딩 3층
전화 02)2237-9387
팩스 02)2238-9388
이메일 book@pushkinhouse.co.kr
홈페이지 www.pushkinhouse.co.kr
출판등록 2004년 3월 1일 제 2004-0004호

ISBN 979-11-7036-005-6 13790

Published by Pushkin House. Printed in Korea
Copyright ⓒ 2018 Pushkin House
          ⓒ 고민석

저작권법에 의해 보호를 받는 저작물이므로 무단 전재와 무단 복제를 금합니다.